AF305937

MORT ET OBSÈQUES

DE

MGR DUPANLOUP

EPI·AVRELIANEN
SIGILLVM·FELICIS
AVE·SPES·VNICA

MORT ET OBSÈQUES

DE RÉVÉRENDISSIME PÈRE EN DIEU

MGR DUPANLOUP

ÉVÊQUE D'ORLÉANS

ASSISTANT AU TRÔNE PONTIFICAL, COMTE ROMAIN
CHANOINE D'HONNEUR DES ÉGLISES MÉTROPOLITAINE DE PARIS
BESANÇON ET CHAMBÉRY
ET DES ÉGLISES CATHÉDRALES D'ARRAS, DE TARBES ET DE VERSAILLES,
SÉNATEUR, MEMBRE DE L'ACADÉMIE FRANÇAISE
CHEVALIER DE LA LÉGION-D'HONNEUR
DES ORDRES DE SAINT-MAURICE ET DE SAINT-LAZARE
ET DU CHRIST DE PORTUGAL

Par M. l'abbé Th. COCHARD

ORLÉANS

H. HERLUISON, LIBRAIRE-ÉDITEUR

17, RUE JEANNE-D'ARC, 17

1879

MORT ET OBSÈQUES

DE

MGR DUPANLOUP

ÉVÊQUE D'ORLÉANS

§ I

**Mort de Mgr Dupanloup au château de la Combe
(11 octobre 1878).**

Orléans attendait de jour en jour le retour de
son Évêque, lorsque, le 11 octobre, à dix heures
moins un quart, arriva à l'Évêché ce télégramme :

« La Combe de Lancey (Isère), 7 h. 50 du soir.

« Quelle immense douleur ! Mgr l'Évêque d'Orléans
vient de succomber à une crise soudaine. J'ai pu encore
lui donner une dernière absolution et lui appliquer
l'indulgence plénière. Il les a reçues avec une parfaite
connaissance.

« L'abbé CHAPON. »

1

Atterrés par ce coup imprévu et navrés de douleur, nos grands vicaires s'empressèrent de réexpédier par le télégraphe à Mgr Coullié, coadjuteur d'Orléans, alors absent, la triste nouvelle, et de l'annoncer par lettres à MM. les curés et à toutes les autorités de la ville. Dès le lendemain matin, les fidèles de chaque paroisse qui assistaient à la messe de six heures l'apprirent à leur tour ; et, après avoir répondu au *De profundis* récité par leur curé, la tristesse dans le cœur, ils se hâtèrent de transmettre dans les familles, les communautés, les ateliers, la foudroyante nouvelle, qui allait provoquer tant de regrets et faire couler tant de larmes.

Bien que l'annonce de cette mort fût officielle, beaucoup refusaient d'y croire. « On avait tellement oublié l'âge du vieil Évêque au spectacle fortifiant de son ardeur toujours jeune et de son dévoûment toujours prêt, qu'on ne pouvait croire qu'il dût cesser un jour de conduire et d'animer les courages (1). » Mais quand, vers midi, le timbre de la cathédrale, à la suite de la sonnerie argentine de

(1) M. Lavedan, *Mgr Dupanloup* (*Correspondant* du 25 octobre 1878).

l'*Angelus,* fit entendre ses coups sonores et lentement répétés, auxquels répondaient par de plaintives et lugubres volées les cloches des douze paroisses, il fallut bien se rendre à l'évidence. Ce glas général annonçait, mieux que toute parole, la mort de l'Évêque d'Orléans, de celui qui était, depuis trente ans, l'ami, le guide, le père de nos âmes, l'honneur et la gloire de la cité.

Dès lors, un immense cri de douleur s'échappa de toutes les lèvres, et sur les visages on lut la tristesse qui s'était emparée de tous les cœurs. Ce premier moment de stupeur passé, tous les regrets provoqués par le sentiment de cette perte irréparable se faisaient jour, se traduisant ici par des larmes, là par des louanges, partout par des prières au pieds des saints autels et dans les oratoires de famille.

Comme Orléanais, chacun se rappelait que, pendant nos malheurs, inondations et invasion, Mgr Dupanloup avait été admirable de dévoûment, de générosité et de patriotisme, toujours le premier à donner et à provoquer des secours, toujours prêt à demander la grâce des condamnés que les conseils de guerre de l'ennemi envoyaient au poteau pour être fusillés, à protéger les blessés de nos ambulances, et à s'unir à la municipalité pour rappeler aux vainqueurs le droit des gens, oublié ou sciemment méconnu (1). Chacun se redisait combien l'Évêque d'Orléans était simple dans sa vie privée, accessible à tous, bienveillant à l'égard des petits, aimable dans ses relations. Chacun revoyait le vieil

(1) Le Conseil municipal avait voté, dans ces tristes circonstances, une adresse dont il est à propos de rappeler les termes :

« ... Considérant que l'administration municipale et le Conseil ne devaient pas laisser les habitants soumis à d'exorbitantes exigences qui dépassent la limite du possible, et qu'ils ont réuni leurs efforts pour obtenir de notables réductions ;

« Qu'ils ont été, dans ce but, assistés et secondés par Mgr l'Évêque d'Orléans, dont le grand renom et le grand cœur ont été auprès des chefs de l'armée ennemie une protection et une sauvegarde.....

« Le Conseil adresse à Mgr l'Évêque d'Orléans, au nom de la population entière, l'expression vive et respectueuse de la reconnaissance que lui inspire sa chaleureuse et puissante intervention. » (*Séance de nuit du 15 octobre 1870.*)

Cet hommage fut alors rendu avec un unanime et bien explicable élan, et le Conseil de cette époque, remplissant un devoir, voulut que la manifestation de ses sentiments fût inscrite au livre de ses délibérations, pour y demeurer à jamais. La cité venait, en effet, de contracter vis-à-vis de son Évêque une dette d'éternelle reconnaissance.

Évêque, marchant à pied à travers les rues, ayant toujours une parole gracieuse pour ceux qui l'abordaient, une bénédiction pour les enfants, un sourire pour l'ouvrier qui le saluait, et une aumône pour le noir enfant de la Savoie qu'il rencontrait. Enfin, chacun répétait ce qu'il avait fait, dit, écrit pour honorer, exalter, venger même la mémoire de notre Jeanne d'Arc, faisant remarquer que son dernier vœu avait été pour le succès de la souscription qu'il avait ouverte pour ériger un monument digne de l'héroïne.

Comme Français, tous s'accordaient pour reconnaître « qu'il aimait tendrement son temps et son pays, » exaltant sa fierté pour l'honneur national, ses travaux et ses luttes pour l'éducation chrétienne de la jeunesse française.

Comme catholiques, tous saluaient en Mgr Dupanloup le défenseur aussi intrépide qu'infatigable des droits de l'Église et de la papauté. Sur ce terrain on se rappelait que « ses discours vibraient comme des clairons ; que ses écrits jetaient des lueurs d'épée (1) ; » et que, dans ceux-ci

(1) M. Lavedan.

comme dans ceux-là, « son éloquence sentait la poudre (1). »

Sans s'en douter, et sans penser qu'en cela ils allaient contre la volonté expresse de leur Évêque, les Orléanais avaient fait, en ce jour, la meilleure oraison funèbre de leur regretté pontife, parce qu'elle avait jailli de leurs cœurs.

Le 12 au soir, Mgr Coullié, que le premier télégramme avait rencontré en Bourgogne et qu'un autre arrêtait dans sa marche vers le château de la Combe, rentrait au palais épiscopal, qui allait devenir le sien, brisé de fatigues et accablé de douleur, effrayé de recueillir si tôt l'héritage d'un père tendrement aimé.

Le lendemain 13, qui était un dimanche, l'office allait finir, lorsque le nouvel Évêque d'Orléans faisait son entrée dans le chœur de la cathédrale. Revêtu d'ornements noirs, Sa Grandeur montait à l'autel, où il entonnait le chant du *De profundis* et récitait l'oraison : *Pro defuncto Episcopo.*

Déjà, à Orléans, les fidèles recueillaient avidement les détails qui arrivaient sur les derniers

(1) M. de Pontmartin.

jours et sur les derniers moments de leur illustre Évêque.

Nous les résumons ici d'après les témoins les mieux informés.

Par suite d'une attaque de goutte, Mgr Dupanloup, ainsi qu'il en avait l'habitude, n'avait pu présider à La Chapelle, ni la *fête des Anciens*, ni la distribution des prix de ses petits Séminaires. La veille de cette dernière solennité, il avait adressé aux deux cent cinquante assistants de la *réunion triennale* ce billet d'une mélancolie tendre et résignée : « Mes enfants, priez pour un vieux soldat blessé, qui, pour la première fois, manque à l'appel ! *L'Évêque d'Orléans.* »

En effet, « le vieux soldat » de l'Église au XIXe siècle était blessé à mort. Lui-même l'ignorait, et tous ceux qui l'approchaient ne pouvaient le soupçonner, quand, quelques jours après, avec une apparence de forces que son énergie maintenait plus qu'elle ne les augmentait, ils le virent reprendre le chemin de ses chères montagnes. Il y allait chercher « un peu de cet air pur dont il avait besoin et de cette lumière dont il était avide, aimant plus que jamais à s'élever sur les sommets où son âme semblait trouver un avant-goût de la lumière et de la liberté du ciel. »

Ce voyage ne fut, à son insu comme à celui de ses hôtes, qu'un *pèlerinage d'adieux*. Aussi suivrons-nous l'auguste voyageur *ad limina vitæ*, jour par jour, parce que ses jours se comptent et que chacun d'eux le rapproche de ce dénoûment que nos prières et nos espérances voulaient éloigner pour longtemps encore.

Le 7 août, Mgr Dupanloup présidait à l'Évêché son conseil; et le lendemain, dès cinq heures du matin, il quittait à tout jamais sa résidence favorite de La Chapelle pour gagner le château de Champvieux (1), où le reçut pendant quatre jours Mlle de Montbriand. Le 12, il gagnait le château de Varces, près de Grenoble, où il fut l'hôte de la famille de Bournet. Le 17, il arrivait au château de la Combe, juste à temps pour recevoir le dernier soupir d'un de ses vicaires généraux, M. l'abbé Guthlin. Après quelques jours de repos, et pour se distraire des poignantes émotions que lui avait causées cette mort précipitée, il allait, le 2 sep-

---

(1) Château situé près de Saint-Germain-Mont-d'Or (Rhône).

tembre, près de Lausanne, chez S. A. la princesse de Sayn-Wittgenstein. De là il s'acheminait par Lucerne, où il se rencontra avec Mgr Lachat, évêque de Bâle, et Mgr Langénieux, archevêque de Reims, vers Notre-Dame-des-Ermites, où il arrivait le 7. Là, malgré les inquiétudes que donnait à ses amis la répétition de ses crises de suffocation, il résolut, par un effort de volonté, de faire sa retraite annuelle et accoutumée de huit jours. Il s'y montra le plus humble des retraitants, sous la direction d'un Bénédictin, le P. Claude, qu'il connaissait depuis quarante-cinq ans. Après sa retraite, le 15 septembre, il prenait le chemin de la Savoie ; il voulut passer par Saint-Félix, sa paroisse natale, qu'il avait toujours grandement affectionnée, et visiter son humble église, qu'il se plaisait à orner, en souvenir de son baptême (1). Le même soir, 17 septembre, il arrivait au château de Menthon, où « ce fut une joie de famille de le retrouver aussi vaillant que le meilleur des amis (2). »

Le 21 septembre, Mgr l'Évêque d'Orléans prenait congé de ses hôtes, s'arrêtait à Annecy pour faire

(1) M. E. Récamier.
(2) M. de Menthon.

1.

une visite à Mgr Magnin, une station au monastère de la Visitation et une prière près de la châsse de saint François de Sales; et, cherchant tout ce qui lui était cher en Savoie, il allait passer quelques heures à la Motte, près de M. le marquis Costa de Beauregard; puis, le 25, il regagnait la Combe de Lancey, pour se préparer à revenir à Orléans et, si la santé le lui permettait, à entreprendre le voyage de Rome. « Cette dernière demeure, suspendue aux flancs des Alpes, où, prêtre, il avait médité et écrit une partie de son ouvrage sur l'*Éducation,* et où, évêque, il venait, chaque année, se reposer des luttes glorieuses de son épiscopat, parfois s'ensevelir dans une retraite austère, » devait être sa dernière station (1).

En effet, dès son arrivée, ses hôtes eurent les plus tristes pressentiments. A peine installé, il était repris, le 29, d'une crise de goutte au cœur que le docteur Michaud, mandé en toute hâte,

_____

(1) Le château de la Combe de Lancey est une pittoresque demeure dont la construction remonte au XIVe siècle. Ses tours élevées dominent au loin la vallée du Grésivaudan. Il appartient à M. Albert du Boys, fils d'un des bienfaiteurs de l'Évêque dans sa jeunesse.

parvint à conjurer. Cette soudaine indisposition
ne permit pas à Sa Grandeur de célébrer, comme
il le faisait tous les ans, la sainte messe pour
Mgr le comte de Chambord. Bien plus, toujours in-
quiet, le prévoyant docteur exigeait que l'auguste
malade n'eût pas à subir la moindre émotion et
recommandait avant tout qu'on ne lui écrivît pas
de lettres alarmées. Dans le même temps, on
pressait M. le docteur Combal, professeur à la
Faculté de médecine de Montpellier, en qui Monseigneur avait une affectueuse confiance, de se
rendre à la Combe. Le lundi 30, Monseigneur ne
put encore dire la sainte messe et se fit porter
dans un fauteuil pour assister à celle qui fut célébrée par M. l'abbé Chapon, vicaire de la cathédrale d'Orléans. Les jours suivants, se trouvant
un peu mieux, il put se promener, avec M. Albert
du Boys et sa famille, dans une belle allée couverte
qui prolonge la terrasse du château. Il parla de
l'ouvrage qui occupait ses journées, le traité de
l'*Éducation des Filles,* ouvrage prêt à paraître
et dont il devait léguer l'achèvement à M. l'abbé
Lagrange. Il rappela avec attendrissement les souvenirs de plus de quarante ans que ces lieux lui

représentaient, les amis disparus, les conversions obtenues par la grâce de Dieu, l'abjuration de jeunes protestantes qui avait eu lieu, il y a quelques années, dans la petite chapelle. « Aujourd'hui, disait-il à ses amis, *je n'aime plus que le silence!* » Et, comme l'un de ses interlocuteurs lui parlait d'une œuvre à commencer, il répondit : « Mon enfant, je ne suis pas pour longtemps en ce monde! » Il parla longtemps de Rome, où il devait aller au mois de novembre ; renoncer à ce projet fut son suprême sacrifice.

Le samedi 5 octobre, il célébra la sainte messe, qui devait être sa dernière ; dans l'après-midi, il administra avec une piété touchante le sacrement de baptême au petit-fils de M. Albert du Boys, dont il était le parrain. Après la cérémonie, il se fit apporter son petit filleul et le bénit.

Le dimanche 6, il eut une nouvelle et pénible crise d'étouffement ; il ne put dire sa messe. Dans un moment de répit, il dictait cette lettre, adressée à M. l'abbé E. Sejourné, secrétaire général de l'évêché :

« Mon cher ami,

« Faites-moi faire une liste très-exacte et alphabétique de tous ceux qui ont *souscrit pour Jeanne d'Arc*, afin que je puisse découvrir facilement tous les noms de ceux à qui je ne me suis pas encore adressé, et auxquels, si le bon Dieu me ramène à Orléans, je m'adresserai à mon retour. »

Le lundi et le mardi la faiblesse augmenta. Monseigneur se traîna cependant à la chapelle et communia à la messe dite par M. l'abbé Chapon ; le mardi, il resta abîmé dans une longue oraison : c'était sa dernière communion ; la marche lui demandait de pénibles efforts. Il attendait, sans impatience, le docteur Combal, qui s'annonçait pour la fin de la semaine. « Dès que je l'aurai vu, écrivait-il à M. l'abbé Lagrange, je me remettrai en chemin de fer et reviendrai à Orléans. »

Le mercredi 9, la suffocation, qui revenait chaque matin, l'empêcha de sortir de la chambre. Le 8 et le 9, sa conversation avait eu une élévation et une suavité plus grande encore que de coutume. Appuyé sur sa table de travail, il cherchait, malgré des crises fréquentes, à feuilleter son manuscrit sur l'*Éducation* et à dépouiller son courrier ; il dicta plusieurs lettres, dont l'une, que nous reproduisons en partie, était destinée à son coadjuteur :

« Cher ami,

« Il faut bien que je vous donne des nouvelles de ma santé : elles ne sont pas bonnes, surtout depuis quinze jours..... Je suis du reste très-bien soigné par les bons amis chez qui je me trouve, par le bon abbé Chapon et par un excellent médecin qui me connaît depuis trente ans.

« ..... Je suis très-heureux d'avoir pu aller jusqu'à Notre-Dame-des-Ermites et y faire ma retraite.

« Je ne vous ai pas écrit plus tôt sur ma santé, parce que je n'ai pas voulu attrister vos vacances, que vous auriez interrompues pour venir me voir.

« Nous nous retrouverons, je l'espère, prochainement ensemble à Orléans.

« Tout à vous du fond du cœur en Notre-Seigneur.

« † FÉLIX, *Évêque d'Orléans.* »

En effet, M⊃r Dupanloup et M⊃r Coullié devaient se retrouver prochainement ensemble à Orléans. C'était la journée du 11 octobre qui devait trahir le secret de ce double retour précipité.

La veille, le temps était humide et sombre.

Monseigneur ne sortit de sa chambre que dans l'après-midi. Le vendredi 11 octobre, le soleil se leva radieux, encourageant de trompeuses espérances, qui devaient s'évanouir dans la soirée. Nous laissons ici la parole au jeune prêtre d'Orléans qui eut le triste et consolant honneur d'assister son Évêque dans sa courte et suprême agonie. Voici la lettre que, dans la nuit du 11 octobre, M. l'abbé Chapon écrivait, près du lit funèbre, à Mgr Coullié (1) :

« La Combe, 11 octobre 1878, 11 heures du soir.

« Monseigneur,

« Vous avez reçu ma triste dépêche. Je fais un effort sur ma douleur pour vous communiquer les détails que vous et ces Messieurs attendez avec impatience.

« Ce matin, après une nuit paisible, Monseigneur avait eu une crise violente d'oppression, provoquée par ses efforts pour se lever. Il ne tarda pas à se calmer, et je le retrouvai, quelques instants après, essayant de faire oraison. A mes craintes il répondit : « Non, je ne me fatigue pas, car je me traîne.» Je le compris : il se traînait aux pieds de Dieu et cherchait pour la dernière

(1) Cette lettre a été révisée avec soin et complétée par son auteur.

fois la force, le repos où il les avait toujours trouvés.
Il acheva sa méditation, en s'aidant d'un livre qu'il aimait beaucoup et qu'il relisait sans cesse : l'*Esprit de
saint Vincent de Paul*, par Abély, ce livre dont il me disait : « Nulle part, si ce n'est dans les saintes Écritures,
je n'ai trouvé plus de lumière pour mon âme. » Quand
ensuite je vins le rejoindre, il me recommanda de lui
apporter la sainte communion dans sa chambre le lendemain. Il se sentait incapable d'aller jusqu'à la chapelle. La matinée ne fut pas trop mauvaise. Je la passai
en grande partie à lui lire une notice de Sainte-Beuve
sur le comte de Maistre qu'il m'avait exprimé le désir
d'entendre. Il la suivit avec une parfaite lucidité d'esprit, m'arrêtant de temps à autre pour me communiquer ses critiques. Cette lecture fut interrompue par
l'apparition du petit Joseph du Boys, charmant enfant
de cinq ans. Monseigneur l'attira, le bénit d'un signe
de croix tracé sur le front, et le retint près de lui,
écoutant, en souriant, son aimable babillage, le provo-
quant même par ses questions et condescendant à ses
désirs, jusqu'à lui abandonner, pour qu'il les admirât
de plus près, toutes ses bagues pastorales. Quand l'enfant nous quitta, il fut chargé par le vénérable malade
d'aller de sa part porter quelques fleurs et dire un *Ave
Maria* au pied d'une statue de la Sainte-Vierge, située
non loin du château (1).

(1) Cette statue est dédiée à *Notre-Dame-du-Précipice*.
C'était Monseigneur qui l'avait bénite en 1848.

« Monseigneur déjeûna vers une heure dans sa chambre, mais il mangea très-peu. Après le déjeûner, il dépouilla sa correspondance, et sur des nouvelles reçues de Rome s'écria : « Quelle grâce pour l'Église « que ce pape ! » Malgré mes instances, il voulut dire son bréviaire, et je ne pus rien obtenir, sinon qu'il remît, contre ses habitudes, *matines* et *laudes* au lendemain. Son office récité, il consentit à venir au salon, où il fut entouré, avec le plus affectueux empressement, par cette noble famille dont le dévoûment de cinquante années ne lui a jamais fait défaut. Il prit part à la conversation, s'y montra animé et souriant, et exprima sa joie de voir arriver M. le docteur Combal, qui, à peine sorti lui-même d'une grave maladie, accourait à notre appel auprès de son illustre ami. Je le laissai environ trois quarts d'heure pour aller rendre compte de l'accident du matin et dire nos alarmes au médecin, qui depuis plusieurs semaines prodiguait à Monseigneur les soins les plus intelligents. Le docteur Michaud maintint ses espérances, tout en avouant que la situation s'aggravait ; mais il écarta l'idée d'un danger immédiat et me promit de venir le lendemain s'entendre avec M. Combal. De retour à la Combe, je retrouvai au salon Monseigneur. On lui lisait un article du *Correspondant* : *Le secret du roi,* par M. de Broglie. Il l'écoutait avec une grande attention et témoigna plusieurs fois l'intérêt qu'il prenait à ce récit. Vers six heures, pour lui épargner toute fatigue, on le porta du salon dans son appartement. Resté seul près de lui, je repris à sa demande la lecture commencée le matin. Il l'écouta comme la première fois, en y mêlant les réflexions les plus lumineuses. (Hélas! je ne savais pas alors recueillir les derniers rayons de cette grande lumière qui allait s'éteindre pour nos yeux.) Il me demanda même de copier un passage dont il voulait conserver le souvenir. Le livre fermé, je lui proposai un moyen de se mettre au lit, qui, en le dispensant d'un effort pénible, écarterait le danger d'une nouvelle crise. Il l'accepta en me remerciant et m'exprima le désir de rester seul pour prier. En sortant, je le vis prendre son chapelet. Peu après, un hôte du château, éprouvé par de grands malheurs, vint frapper à sa porte; il lui avait donné rendez-vous pour ce moment. Ce jeune homme, dans la crainte d'ajouter aux fatigues du vénéré malade, voulait immédiatement se retirer, en lui demandant seulement la permission de revenir un autre jour; mais Monseigneur le retint avec une tendre insistance, voulut l'entendre en confession et lui donna ses derniers conseils.

« J'étais remonté dans ma chambre, où je ne pus m'arrêter; un pressentiment, dont je bénis Dieu, me fit redescendre au salon, qui communique par une porte à l'appartement de Monseigneur. Je l'entendis m'appeler : j'entrai aussitôt et le trouvai en proie, sur son fauteuil, à une crise plus violente que toutes les précédentes. J'ouvris la fenêtre; je lui fis respirer de l'éther. M. du Boys envoya chercher en toute hâte le médecin. Mais bientôt le visage se contracta. Je lui adressai quelques paroles d'exhortation et lui donnai une première fois l'absolution. Il reprit aussitôt connaissance, sans que la crise cessât. Je lui dis alors : « Monseigneur, le bon Dieu vous voit tant souffrir; « vous lui offrez bien ces souffrances en union avec celles « de Notre-Seigneur, n'est-ce pas? » — « Oui, mon ami, » me répondit-il d'une voix forte et avec un accent de foi et d'amour victorieux de la douleur et impossible à rendre. Il retentira à jamais dans mon âme. Je lui demandai s'il désirait recevoir l'absolution et commençai l'acte de contrition. Il me répondit en joignant les mains : « Oui, oui, mon cher ami; » puis il saisit sa croix pectorale et la pressa longtemps et avec ardeur contre ses lèvres, pendant que je prononçai les paroles sacramentelles. Ce fut un moment sublime! J'ajoutai : « Mon père, je vais implorer pour vous la Sainte-Vierge « par cette belle prière que vous aimez tant. » Il me répondit pour la dernière fois, toujours avec le même accent : « Oui, oui, mon ami ! » Et je récitai lentement le *Souvenez-vous*, auquel il parut s'unir. Ensuite je lui annonçai l'indulgence plénière et la lui appliquai, en lui faisant baiser le crucifix de M. Hetsch (1), placé près

(1) Savant docteur allemand, devenu catholique et prêtre. Après avoir été, pendant seize ans, supérieur du Petit Séminaire de La Chapelle, où il a laissé une mémoire

de lui. Je n'eus plus de Monseigneur d'autres paroles. Son dévoué domestique m'aida à le soutenir ; je lui pris la tête entre mes bras, et il expira quelques instants après. Il était sept heures un quart. Cette agonie s'était prolongée de huit à dix minutes. M. du Boys, fidèle jusqu'au dernier moment, assistait à ces suprêmes douleurs, prenant part à nos soins impuissants, et mêlant ses larmes et ses prières aux nôtres. Dès le commencement de la crise, j'avais envoyé au presbytère le plus voisin chercher les saintes huiles ; mais elles m'arrivèrent trop tard pour que je pusse administrer l'extrême-onction.

« Je vous écris près de ses chers restes. Il semble dormir. Son visage est paisible et rayonnant, et nous tous qui l'entourons, nous avons comme l'intime assurance de son repos et de son triomphe après tant de combats. Ce matin, il me montrait encore, avec une satisfaction bien humble, cette croix (1) qu'il a pressée sur ses lèvres mourantes, et sur laquelle ses amis ont fait graver ces mots : *Bonum certamen certavi* (2). Il devait achever aujourd'hui la parole de saint Paul : *Cursum consummavi, fidem servavi in reliquo posita*

vénérée, il est mort en 1876, à Rome, entre les bras de Mgr Dupanloup.

(1) C'est cette croix qui a été offerte et remise par Mgr Coullié à Sa Sainteté Léon XIII, le 10 février 1879.

(2) « J'ai combattu le bon combat. »

est mihi corona justitiœ quam reddet mihi Dominus in illâ die justus judex (1).

« C'est à nous de pleurer avec la France et l'Église.

« Daignez agréer, Monseigneur, l'hommage de mon profond et religieux respect.

« Votre très-humble serviteur,

« H. Chapon (2). »

Il n'y avait pas deux jours que Mᵍʳ Dupanloup s'était endormi dans la paix du Seigneur, que tout le monde catholique l'avait appris avec effroi. « S'il est des hommes qui meurent sans manquer, il en est d'autres qui font défaut dès qu'ils disparaissent (3). »

De tous les points de la France, voire de l'Europe, arrivèrent à Mᵍʳ Coullié lettres et télégrammes de profonds regrets et de sympathiques condoléances. Princes de l'Église et grands du monde,

---

(1) « J'ai achevé ma course, et je n'ai pas trahi la foi. Il ne me reste plus qu'à recevoir la couronne de justice que le Seigneur, le juste juge, me rendra en ce grand jour où il viendra juger le monde. » (II Timoth., ch. ɪᴠ.)

(2) Cfr. *Les derniers jours de Mᵍʳ Dupanloup*, par Mˡˡᵉ N... du B... J. Gervais, Paris, 1879.

(3) M. Lavedan.

prêtres et laïcs s'associèrent avec une spontanéité consolante au deuil de l'Église d'Orléans (1).

Dès le 14 octobre, Son Éminence le cardinal Nina, secrétaire d'État, daignait, au nom de Sa Sainteté Léon XIII, adresser au nouvel Évêque d'Orléans cette dépêche, qui renferme l'éloge incontestable du regretté défunt (2) :

« Le Saint-Père est profondément affligé de la perte d'un si illustre prélat, et il fait prier pour le repos de

(1) 12 octobre. — Lettre de Mgr Rivet, évêque de Dijon.
13 octobre. — Lettre de Mgr le prince de Joinville.
14 octobre. — Lettres de S. Ém. le cardinal Guibert, archevêque de Paris ; de Mgr Duquesnay, évêque de Limoges.
15 octobre et après :
Lettres de S. Ém. le cardinal Donnet, archevêque de Bordeaux ; de Mgr Bécel, évêque de Vannes ; de Mgr l'évêque de Saint-Gall (Suisse) ; de Mgr le duc de Montpensier, etc., etc.
Télégrammes de Mgr le comte de Paris ; de M. le maréchal et de Mme la maréchale de Mac-Mahon ; de Mgr Rotelli, évêque de Montefiascone (Italie), etc., etc.
Le 7 novembre, de Jérusalem, lettre du P. Alphonse de Ratisbonne.
(2) « *S. Padre profondamente addolorato per perdita di si illustre prelato, e fa pregare per riposo di quell' anima, è benedice con effusione di cuore il successore.*

                                 « NINA. »

son âme ; il bénit avec effusion de cœur son successeur.

« NINA (1). »

A ces lettres intimes, jaillies au courant de la
plume sous l'empire d'une douloureuse émotion,

(1) S. Ém. le cardinal Nina écrivait encore à M. Albert
du Boys :

« Rome, 19 octobre 1878.

« Monsieur,

« Depuis que le télégraphe a apporté au Saint-Père et
à moi la douloureuse nouvelle de la mort de Mgr Dupanloup, nous avons lu avec beaucoup d'intérêt les détails
que Votre Seigneurie s'est complu à nous communiquer,
avec le journal du 12 courant racontant ce funeste évé-
nement.

« Comme les amis et les ennemis du Saint-Siége ont
dû rendre justice au zèle avec lequel l'illustre défunt en
avait défendu les droits, il serait superflu de ma part d'y
ajouter mes louanges.

« Si l'admirable prélat avait pu accomplir son dessein
de venir *ad limina Apostolorum*, il aurait certainement
causé à Sa Sainteté une vive satisfaction ; mais, puisque
le Seigneur en a disposé autrement, le Saint-Père prie
pour le repos de l'âme du défunt, en vous remerciant des
soins que vous lui avez prodigués jusqu'au dernier jour,
et vous accorde du fond du cœur la bénédiction que vous
lui avez demandée.

« Le cardinal NINA. »

plusieurs de nos archevêques et évêques joignirent l'hommage public d'une lettre pastorale (1).

A Orléans, on attendait avec impatience celle de Mgr Coullié, car elle devait annoncer au clergé du diocèse le jour que Sa Grandeur, de concert avec le chapitre cathédral, avait fixé pour la célébration des solennelles funérailles de Mgr Dupanloup. Datée du 13, elle était publiée le 14. En voici le texte :

Lettre de Mgr COULLIÉ, *évêque d'Orléans, au clergé de son diocèse, relative aux obsèques et aux prières pour le repos de l'âme de son vénéré prédécesseur,* Mgr Félix-Antoine-Philibert DUPANLOUP.

« Messieurs et très-chers coopérateurs,

« C'est les yeux pleins de larmes, et le cœur serré par la douleur, que je vous adresse d'une main encore tremblante ces quelques lignes, non pour vous apprendre la mort, trop connue déjà de vous tous,

(1) Son Ém. le cardinal Guibert, archevêque de Paris ;
Sa Grandeur Mgr Ramadié, archevêque d'Albi ;
Sa Grandeur Mgr Lorenzo Gastaldi, archevêque de Turin;
Sa Grandeur Mgr Foulon, évêque de Nancy ;
Sa Grandeur Mgr Duquesnay, évêque de Limoges ;
Sa Grandeur Mgr Perraud, évêque d'Autun ;
Sa Grandeur Mgr Besson, évêque de Nîmes ;
Sa Grandeur Mgr Magnin, évêque d'Annecy.

et dans quel cœur catholique n'a-t-elle pas retenti! mais pour vous annoncer les obsèques du grand Évêque que nous pleurons et que pleurent avec nous la France et l'Église. Pendant vingt-neuf ans, il fut le premier Pasteur de ce diocèse, et vous savez avec quel éclat et avec quels fruits!... quelle fut l'activité de son zèle et la fécondité de ses œuvres; quelles luttes, en même temps, il soutenait pour la défense de toutes les causes catholiques. Grand Évêque! grand Évêque! On le reconnaîtra de plus en plus. Pour moi, Messieurs, dès mes jeunes années, il avait été un père tendre, le maître admirable et vénéré qui m'avait appris à connaître Dieu et à l'aimer; et depuis deux ans, temps trop court, hélas! en m'associant à ses travaux, il était devenu mon initiateur, en même temps que mon modèle, dans la grande science et la difficile pratique du ministère épiscopal.

« Il est donc mort!... Dieu nous l'a ravi alors que nous nous flattions de le conserver encore plusieurs années, et que j'aurais eu tant besoin, personnellement, de pouvoir profiter longtemps de ses leçons et de ses exemples.

« Le mercredi 9 octobre, il m'écrivait (1).

. . . .

« Je recevais ces lignes, si pleines de délicatesse, le vendredi 11 octobre, et dès le lendemain, samedi matin, m'arrivait la foudroyante nouvelle!..... Hélas!

(1) V. cette lettre p. 14.

notre bien-aimé Père, notre saint et illustre Évêque, avait succombé à une crise soudaine, entre les bras d'un de ses prêtres, et recevant de lui, avec la sainte absolution, l'indulgence dernière.

« Frappé d'un coup si terrible et peu attendu, nous n'avons pu qu'offrir à Dieu nos prières, avec nos sanglots ; et, prosterné aux pieds du saint crucifix, nous avons prononcé, en pleurant, le *Fiat* de notre humble résignation aux impénétrables desseins de la Providence.

« Ce jour-là même, Messieurs, nous lisions au saint office ces paroles de nos livres sacrés : *Lugebat autem Judam Israel planctu magno, et dicebat : quomodo cecidisti, potens in prœlio, qui salvum faciebas populum Domini :* touchante coïncidence, qui rendait plus vif encore le sentiment de notre douleur, en caractérisant, d'une manière si frappante, la grandeur de la perte que faisaient ce diocèse d'Orléans et l'Église.

« Je n'entreprendrai pas ici, vous le comprendrez, son panégyrique ; ce n'en est pas le moment, et ce serait aller contre l'expresse volonté de ce cher et vénéré Père, car, « *Je défends absolument,* a-t-il écrit dans une note testamentaire, *qu'on fasse sur moi aucune oraison funèbre.* »

« L'histoire, d'ailleurs, de ce mémorable épiscopat est assez présente à vos souvenirs et ne s'en effacera jamais. Les annales de l'Église et du pays rediront à la postérité la plus reculée les immenses travaux, les nombreuses et vaillantes luttes de Mgr Dupanloup, pour la défense des grandes et saintes causes qu'il servit toute sa vie, principalement de la liberté de l'enseignement catholique, des droits et de l'indépendance du Saint-Siége ; et les archives de nos paroisses, Messieurs, vous conserveront à vous-mêmes, et perpétueront pour vos successeurs le bienfait de son enseignement pastoral, dans tant de lettres admirables où tous les points du saint ministère sont traités avec des détails si pratiques, en même temps qu'avec des vues si hautes et si larges.

« Ces lumineuses lettres, que nous relirons sans cesse nous-même, seront, pour nous aussi, le flambeau qui éclairera nos travaux, et nous nous ferons le plus religieux devoir, pendant tout notre épiscopat, de continuer, dans ce diocèse, les traditions d'une administration si éclairée, si sage, et qui l'a doté de tant d'excellentes œuvres, de si beaux établissements d'éducation, et lui a donné dans vos personnes, Messieurs, un clergé si régulier, si pieux et si zélé.

« Et maintenant, nos très-chers coopérateurs, que nous reste-t-il à faire, à nous et à vous, et à tous nos chers fidèles, pour témoigner à celui qui fut notre Évêque la reconnaissance que nous lui devons, sinon que tous ensemble nous unissions nos cœurs et nos voix pour supplier notre doux Sauveur de donner, s'il ne l'avait pas fait déjà, à ce bien-aimé Père de nos âmes, « le lieu du rafraîchissement, de la lumière et de la paix ? »

« C'est là qu'il recevra de votre main, ô mon Dieu ! la riche récompense de ses longs et glorieux travaux ; là qu'il continuera de servir ce diocèse et l'Église par ses prières, après les avoir arrosés de ses sueurs ; là enfin qu'il nous attendra, et que nous le retrouverons tous un jour, si nous savons nous en rendre dignes, dans les éternelles joies du ciel.

« A ces causes,

« Après en avoir conféré avec nos vénérables frères les doyen, chanoines et chapitre de notre église cathédrale, nous avons ordonné et ordonnons ce qui suit :

« ARTICLE PREMIER. — Les obsèques de notre révérendissime Père en Dieu Félix-Antoine-Philibert DU-PANLOUP, Évêque d'Orléans, seront célébrées le mercredi 23 octobre courant.

« ART. 2. — Un service solennel sera également célébré, pour le repos de son âme, dans chacune des paroisses de la ville et du diocèse, ainsi que dans les séminaires, chapelles et hospices, le premier jour libre.

« ART. 3. — Nous croyons interpréter les sentiments de reconnaissance qui animent tous nos prêtres en les invitant à dire au plus tôt, chacun, une messe basse à la même intention.

« ART. 4. — Pendant un mois, à partir du jour de la

réception de cette lettre, tous les prêtres diront à la messe les oraisons *Pro Defuncto Episcopo* (ces oraisons doivent être dites immédiatement avant celles *Pro Papâ).*

« ART. 5. — Nous exhortons les communautés et les fidèles à offrir quelques communions pour le repos de l'âme de notre bien-aimé Père.

« Et sera notre présent mandement lu au prône des messes paroissiales dans toutes les églises et chapelles du diocèse, le dimanche qui en suivra la réception.

« Donné à Orléans, sous notre seing, notre sceau et le contre-seing du secrétaire de notre Évêché, le 13 octobre 1878, fête de la Maternité de la Sainte-Vierge Marie, consolatrice des affligés.

« ✝ PIERRE, *Évêque d'Orléans.*

« Par Mandement de Monseigneur :

« Edm. SEJOURNÉ, *Sec.-Gén.* »

.Le mardi 15 octobre était le jour où le corps de Mgr Dupanloup devait être ramené dans sa ville épiscopale. Il avait pu être embaumé le 13, en présence de M. le docteur Combal, arrivé trop tard, et de M. l'abbé Chapon, par M. Minder, docteur en médecine, et M. Breton, pharmacien, tous deux professeurs à l'École de médecine de Grenoble, afin que ses diocésains pussent aller, dans une chapelle ardente, contempler une dernière fois les traits inanimés de leur vénéré pontife (1).

L'Église d'Orléans avait délégué M. l'abbé Bou-

(1) Nous donnons le procès-verbal de *l'embaumement* de Mr Dupanloup. Il en existe deux copies. Rédigées par l'un des opérateurs, écrites sur parchemin et enfermées dans deux tubes de verre fermés, l'une a été déposée dans le cercueil; l'autre a été remise à l'Évêché d'Orléans.

En voici le texte inédit :

« Le corps de Mr Félix Dupanloup, Évêque d'Orléans, décédé au château de la Combe-Lancey, le 11 octobre 1878, a été embaumé le surlendemain par M. Henri Minder, docteur-médecin, et M. Henri Breton, pharmacien, tous deux professeurs à l'École de médecine de Grenoble, en présence de M. le professeur Combal, de Montpellier, et de M. l'abbé Chapon, vicaire de la cathédrale d'Orléans.

« Suivant les intentions de l'illustre défunt, son cœur devant être envoyé à Saint-Félix, sa paroisse natale, l'embaumement a dû être pratiqué par un procédé mixte. Un soluté conservateur a été injecté jusqu'à refus par l'artère carotide droite; on s'est assuré que le liquide avait pénétré jusqu'aux extrémités.

« Le côté du thorax a été alors ouvert; l'aorte et les autres vaisseaux ont été liés, puis coupés. Le cœur a été retiré, lavé et placé dans une boîte de plomb remplie de liquide conservateur, dont le couvercle a été hermétiquement soudé.

« Des injections avec une solution alcoolique de bichlorure de mercure ont été faites dans diverses parties de l'intestin. Les cavités thoracique et abdominale, d'abord lavées et séchées, ont été mouillées de liquide préserva-

gaud, vicaire général, pour réclamer et accompagner ce précieux dépôt. Après un service célébré dans la chapelle du château, il le recevait des mains de M. le curé de la Combe, assisté de M. l'abbé Rey, vicaire-général de Grenoble, et de deux professeurs du petit Séminaire, MM. Bontin et Chaillé, qui avaient été chargés par leur Évêque de veiller nuit et jour sur la dépouille pontificale. Puis, prenant le train à la gare de Lancey, il se dirigeait sur Orléans, en passant par Paris.

Bien qu'aucun avis officiel n'eut annoncé le jour et l'arrivée du convoi funèbre, dès huit heures

teur. Le vide laissé par l'ablation du cœur a été rempli de poudre salino-aromatique, puis une suture continue a réuni les bords des incisions, qui ont été enduites de vernis balsamique et recouvertes d'une double couche d'ouate. Toutes les ouvertures naturelles, injectées de solution alcoolique de bichlorure de mercure, ont été soigneusement tamponnées avec du coton.

« Le corps a été alors revêtu de ses habits, déposé dans un cercueil de bois de chêne doublé de plomb, et exposé quelque temps à la vénération des assistants. Enfin le cercueil a été fermé de son couvercle en plomb, hermétiquement soudé.

« La Combe de Lancey, 13 octobre 1878.

« H. BRETON, *professeur à l'École de médecine.* »

trois quarts, par une soirée sombre et froide, une foule compacte, silencieuse et recueillie, avait envahi les abords et la grande cour de la gare, à l'arrivée. Le service d'ordre était fait par une brigade de gendarmes à pied et une escouade d'agents de la police centrale. Sur le quai désert de la gare, Mgr Coullié, entouré de ses vicaires généraux et de tout le clergé de la ville, *in nigris*, attendait l'arrivée du train mortuaire. A neuf heures vingt-sept minutes, le train entrait en gare. Toutes les personnes présentes, prêtres, inspecteur, sous-chef de gare, hommes d'équipe, se découvrirent respectueusement devant un fourgon *fermé,* qui contenait le cercueil. M. l'abbé Bougaud descendit avec M. l'abbé Chapon du wagon-coupé qui suivait immédiatement et se jeta silencieusement dans les bras de Mgr Coullié. Au signal donné à mi-voix par le sous-chef de gare, le fourgon fut aussitôt amené dans la petite cour d'arrivée, où stationnait le corbillard, orné de draperies de velours noir frangées et étoilées d'argent, et surmonté de cinq aigrettes.

Les portes du fourgon s'écartèrent, et le cercueil apparut, couvert d'un drap de velours noir à large croix d'argent, et disparaissant sous des couronnes et des bouquets de fleurs naturelles. Sur un second signal donné par l'administrateur des pompes funèbres, dix hommes s'unirent pour transporter à bout de bras le lourd cercueil sur le char funéraire. Quelques minutes après, le corbillard, traîné par deux chevaux noirs ornés de panaches, s'ébranlait et, suivi par Mgr Coullié, par le clergé et par un grand nombre de laïcs, tête découverte, se dirigeait lentement vers l'Évêché par le boulevard, la rue des Anglaises et l'Étape.

Sur le passage de l'auguste cercueil, éclairé de distance en distance par la lumière rougeâtre du gaz, la foule se découvrit, s'inclina même comme aux jours de fête solennelle où la main du Pontife la bénissait. Le recueillement de ce cortége improvisé était tel qu'on n'entendait guère que les pas sourds des chevaux et le bruissement du sable sous les roues du char. C'était vraiment « l'hommage du silence des âmes intimement atteintes. Point de paroles ni de cris, pas même ce bruit vague qui plane d'ordinaire au-dessus des foules, mais des larmes dans bien des yeux, et de ces frémissements involontaires et instinctifs qui rapprochent toutes les mains et font qu'elles se serrent pour se communiquer leur commune tristesse. »

Au moment où le corbillard pénétra par le grand portail tendu de noir dans la cour de l'Évêché, le silence devint encore plus profond. C'était là que l'Évêque avait gouverné trente ans l'Église d'Orléans ; c'était de là qu'il était parti le 7 août ; c'était là enfin qu'il devait faire une dernière station, avant d'aller, dans sa cathédrale, occuper le tombeau qu'il s'était désigné en prenant possession de son siége.

Dès que le cercueil eut été transporté dans la chapelle ardente qui occupait le vestibule du palais, et qu'il eut été mis au pied du lit mortuaire où le corps devait être exposé, Mgr Coullié, à genoux, entouré du clergé, qui l'avait accompagné, récita le *De profundis,* puis les assistants se retirèrent silencieusement.

Ce fut alors que la bière fut descellée en présence de Mgr Coullié et de ses grands vicaires. Ils eurent le triste bonheur de contempler les premiers, après les hôtes de la Combe, le visage inanimé de Mgr Dupanloup. Après que les médecins eurent reconnu que l'embaumement était suffisant pour une exposition à découvert, le corps, revêtu des ornements pontificaux, mitre blanche en tête, croix d'or sur la poitrine, les mains croisées et gantées de violet, tenant un chapelet et laissant voir l'anneau pastoral, fut placé sur le lit de parade qui ne tarda pas à être encadré de bouquets blancs. La piété des fidèles devait chaque jour les renouveler.

Le lendemain 16 et les jours suivants, la chapelle ardente fut un lieu de pèlerinage pour la population orléanaise. Jour et nuit, l'office des morts fut récité par le chapitre, le clergé des paroisses, le grand Séminaire, les petits Séminaires, les communautés religieuses, les sociétés pies, qui, sur un avis spécial de MM. les vicaires généraux, se succédèrent avec une admirable régularité. Le matin, en vertu d'un indult apostolique, des messes, auxquelles de pieux fidèles assistaient et communiaient, furent célébrées *en noir* sur les deux autels érigés de chaque côté du lit funèbre (1). Nul ne saurait

(1) Voici le texte de la supplique adressée à S. S. Léon XIII par M. Rabotin, vicaire général, et celui de l'indult pontifical :

POSTULATUM. « Beatissime Pater, Vicarius Generalis Diœ-

dire le nombre, le recueillement des fidèles qui, pendant les huit jours de l'exposition, s'empressèrent de venir contempler une dernière fois les traits de leur grand Évêque. On regardait sans effroi ce visage si connu, dont la mort avait immobilisé les lignes, adouci la vivacité, mais non effacé la sérénité, ni détruit la noblesse. Des femmes, des enfants, des soldats, des ouvriers, des magistrats, des religieux et des prêtres, en échange de leurs prières et à défaut de bénédictions, faisaient toucher aux lèvres et aux mains du Cicéron chrétien, du soldat de l'Église, de l'ami

cesis Aurelianensis humillime et enixe supplicat, ut singulæ Missæ quæ præsente cadavere Rmi. P. D. Dupanloup pro defuncto celebrabuntur per octo dies, etiam in Duplicibus, in Cappella ardenti ad id disposita in Palatio episcopali, celebrari possint cum paramentis coloris nigri. Et Deus, etc. »

Responsum. « Ex audientia sanctissimi die 18 octobris 1878. Sanctissimus Dominus noster Leo, divina providentia Papa XIII referente me infrascripto Secretario S. Congregationis Negotiis ecclesiasticis extraordinariis præpositæ, benigne annuit pro gratia juxta petita, exceptis vandis. Contrariis classis, servatis in reliquis de jure serduplicibus primæ quibuscumque mimime obfuturis. Datum Romæ e Secretaria ejusdem S. Congregationis die, mense et anno prædictis.

« Wladimirus Czacki, *Secretarius.* »

des jeunes gens, des croix, des chapelets et des médailles qu'ils garderont désormais comme un précieux et suprême souvenir.

L'art réclama aussi le sien pour le léguer à la postérité. Plusieurs fois déjà, il avait essayé de saisir, pour la fixer sur la toile ou sur le papier, par le pinceau ou le burin, la physionomie fine et distinguée de l'*Évêque d'Orléans*. Mais le modèle, perpétuellement mobile et impatiemment au repos, se prêtait difficilement à l'épreuve de la plus rapide esquisse. Aussi, fut-ce plutôt en passant qu'en posant que Mgr Dupanloup consentit à se placer sous les regards du dessinateur ou devant l'objectif des plus habiles et des plus expéditifs photographes. Trois sculpteurs de renom profitèrent du calme et de l'impassibilité imposés par la mort, pour mouler les traits, jusque-là insaisissables, de Mgr Dupanloup (1). Mais c'est l'auteur si apprécié de la statue de *Jeanne d'Arc écoutant ses voix*, M. Chapu, de l'Institut, qui a été chargé de composer le monument funèbre et de reproduire dans le marbre les traits de notre Évêque.

(1) MM. Monceau et Lanson, d'Orléans, et M. Chapu.

§ II

Obsèques de Msʳ Dupanloup à Orléans
(23 octobro 1878).

Les huit jours d'exposition avaient été mis à profit par l'autorité diocésaine pour donner le plus d'éclat possible à la grande manifestation qui devait signaler les obsèques solennelles de Msʳ Dupanloup. M. l'abbé Tranchau, archiprêtre de Sainte-Croix, avait mis tout son zèle et consacré tout son temps à orner la cathédrale, que, comme la plupart de ses prédécesseurs (1), l'illustre défunt s'était depuis longtemps choisie pour dernière demeure : du reste, par ses dimensions grandioses, elle se prêtait merveilleusement au genre décoratif.

A l'intérieur, l'ornementation était d'une sévérité imposante. Toute la grande nef, les deux bras du transept, le chœur et la rotonde du sanctuaire

(1) V. *Sépultures des évêques d'Orléans, à Sainte-Croix.* (*Annales religieuses d'Orléans,* t. XVIII, p. 695.)

étaient revêtus de tentures noires jusqu'à la hauteur des galeries. Là, une large *litre* de velours noir, dont le ton moelleux tranchait sur la couleur mate des tentures inférieures, circulait partout. Sur cette large bande, festonnée d'un double galon d'argent, brochait une série d'écussons où se voyait le chiffre F. D. et les armoiries de l'Évêque (1), alternant avec les palmes vertes de l'académicien. La chaire et le trône épiscopal étaient voilés d'un crêpe noir parsemé de larmes d'argent. Devant le chœur, à l'intersection du transept avec la grande nef, s'élevait le catafalque, formé d'un baldaquin soutenu par quatre colonnes cannelées et surmontées de chapiteaux corinthiens d'argent; le tout était tendu de velours noir avec crépines argentées, et surmonté de quatre panaches noirs. Le soc se composait de quatre gradins couverts de chandeliers d'argent, d'où émergeaient, à chaque coin, quatre lampadaires. Quatre statues allégoriques : la Foi, l'Espérance, la Charité et la Religion, dont l'éclatante blancheur se détachait har-

(1) Ces armes, formées d'un écusson ovale, portaient: d'azur à la croix d'or du calvaire historiée, avec bandérolle de même et cette devise : AVE SPES VNICA.

monieusement sur le fond noir des tentures, se dressaient au pied de chacune des colonnes. Un immense dôme, retenu presque à la hauteur de la voûte, et d'où s'échappaient, pour se fixer aux quatre piliers de la nef, de longues et légères draperies, dominait, tout en l'encadrant, le superbe catafalque.

A l'extérieur, le grand portail, à cause des rafales de vent et des ondées, qui ne cessèrent de se succéder les 21 et 22 octobre, ne put recevoir la décoration convenue. Néanmoins, grâce à des efforts audacieusement répétés, on parvint à le garnir de draperies noires, bordées d'hermine et lamées d'argent, avec un immense écusson portant les armes épiscopales. De chaque côté, on avait disposé des massifs d'arbres verts. Tout était donc prêt pour le 23 octobre, date fixée pour la cérémonie funèbre. Ce jour-là, le temps qui, la veille encore, semblait devoir en contrarier le pompeux appareil, s'améliorait, sans toutefois arriver au beau. Brumeux et froid, mais sans pluie comme sans soleil, il s'harmonisait par son ton gris avec le deuil universel.

En effet, Orléans et la France s'étaient donné

rendez-vous auprès d'un cercueil, afin de rendre un commun hommage au pontife vénéré et au grand citoyen, qui s'appellera désormais dans l'histoire l'*Évêque d'Orléans*. Toute la ville était sur pied comme au 8 mai ; les habitants, qui gardent fidèlement le culte des mœurs provinciales et des vieilles traditions, tenaient à manifester qu'ils associaient déjà, dans leur reconnaissance comme dans leur vénération, l'immortelle mémoire de leur sainte héroïne et l'impérissable souvenir de son dévot panégyriste et de son éloquent défenseur.

La France était là aussi, avec ses Chambres, ses aristocraties de naissance et de talent, son épiscopat, son clergé, ses académies, ses universités, son armée, sa magistrature, ses ouvriers et ses femmes du peuple. Et ce n'était pas seulement la France qui allait entourer ce cercueil ; ce n'était pas seulement la Savoie qui était venue pleurer sur la tombe d'un de ses fils les plus illustres, qu'elle place déjà entre deux autres de ses glorieux enfants : Joseph de Maistre et François de Sales. La Suisse et la Belgique avaient tenu à montrer qu'elles n'oubliaient pas le vaillant et opiniâtre dé-

fenseur de leurs libertés ; l'Irlande s'était souvenue
du secours que lui avait apporté son éloquente parole ; l'Angleterre avait envoyé des membres distin-
gués de sa diplomatie, et il n'était pas jusqu'à la
Russie catholique qui n'y eût de nobles représentants. C'est cette affluence spontanée d'assistants,
venus de tous les points de la France et même
de l'étranger pour apporter à cette grande ombre
un hommage inouï, unique dans ce siècle, d'admira-
tion et de sympathie pour ses travaux trop tôt
interrompus, pour son œuvre infatigable de lumière
et de justice ; voilà ce qui devait donner à ces obsèques un éclat incomparable et une pompe presque
royale.

A dix heures, un coup de canon annonça la
levée du corps, faite à la chapelle ardente de
l'Évêché par son Éminence le cardinal Guibert,
archevêque de Paris. Aussitôt l'immense cortége, qui précédait et suivait le corbillard, se
mit en marche, au son funèbre des cloches de
toutes les paroisses que dominaient la voix sonore et vibrante du timbre de la cathédrale et
le lugubre roulement des tambours ; il parcou-
rut lentement, silencieux à travers une foule si-

lencieuse, l'itinéraire prescrit (1), c'est-à-dire la rue de l'Évêché, la place de l'Étape, la rue d'Escures, la place du Martroi, le haut de la rue Royale et toute la rue Jeanne-d'Arc.

Sur tout le parcours, la haie était formée par le 76ᵉ de ligne, par les sapeurs-pompiers d'Orléans et par des détachements des 30ᵉ et 32ᵉ d'artillerie. Les places du Martroi et de Sainte-Croix présentaient un déploiement militaire imposant. Ici l'ar-

(1) L'itinéraire parcouru diffère de ceux qui furent adoptés, en 1822 et en 1849, lors des funérailles de Mgʳ de Varicourt et de Mgʳ Fayet, Évêques d'Orléans. Le 12 décembre 1822, aux obsèques de Mgʳ de Varicourt, le cortége, sorti de la porte de l'Évêché, suivit les rues du Bourdon-Blanc, de Bourgogne, la rue Royale, la place du Martroi, la rue d'Escures, la place de l'Étape, la rue de l'Évêché et entra par la porte nord à la cathédrale, où, après le service, le corps du prélat fut inhumé dans la chapelle de Saint-François-de-Sales, derrière le chœur.

En 1849, les obsèques de Mgʳ Fayet, décédé le 4 avril 1849, eurent lieu le 17 juillet. Son corps avait été amené la veille de Paris. Le clergé qui accompagnait le corps du prélat se rendit de l'Évêché à la cathédrale par la rue de l'Évêché et la place de l'Institut. Les autorités ne vinrent prendre place dans la basilique que lorsque le corps du défunt y fut entré. Deux Évêques seulement, Mgʳ Marguerite, de Saint-Flour, et Mgʳ des Essarts, de Blois, y assistaient.

tillerie en grande tenue, avec ses batteries, était rangée devant la statue équestre de Jeanne d'Arc ; là, elle faisait face à chaque côté du parvis de la cathédrale.

Le cortége était ouvert par un piquet de gendarmerie à cheval et par un détachement d'artillerie, suivis par la musique des sapeurs-pompiers d'Orléans.

Puis venaient :

La bannière de l'œuvre de Sainte-Marthe ;

Les Sœurs de la Présentation ;

Les Filles de Saint-Vincent-de-Paul et de la Sagesse ;

Les Sœurs garde-malades ;

Les Congrégations de religieuses ;

Les Sœurs de Saint-Aignan ;

Les médaillés-sauveteurs du Loiret, avec leur bannière voilée de deuil et une magnifique couronne ;

Les bannières de la Persévérance, des apprentis, de Saint-François-Xavier, du cercle catholique d'ouvriers, de Saint-Joseph ;

Les Frères des Écoles chrétiennes ;

Les conférences de Saint-Vincent-de-Paul ;

L'École normale ;

Une députation du lycée, des Écoles Saint-Grégoire de Pithiviers et de Notre-Dame-de-Bethléem de Ferrières ;

Les élèves des petits Séminaires de Sainte-Croix et de La Chapelle, et une nombreuse députation des anciens élèves de ces établissements ;

L'Académie de Sainte-Croix ;

Les prêtres sans habits de chœur ;

Des jeunes filles de la première communion et de la persévérance, vêtues de deuil et la tête couverte de voiles blancs, portant des bouquets et des couronnes.

La croix et le clergé des Hospices.

La croix et le clergé des Aydes.

La croix et le clergé de Saint-Marc.

La croix et le clergé de Saint-Vincent.

La croix et le clergé de Saint-Laurent.

La croix et le clergé de Recouvrance.

La croix et le clergé de Saint-Donatien.

La croix et le clergé de Saint-Pierre-le-Puellier.

La croix et le clergé de Saint-Marceau.

La croix et le clergé de Saint-Aignan.

La croix et le clergé de Saint-Paterne.

La croix et le clergé de Saint-Paul.

La croix de la cathédrale.

Les élèves du grand Séminaire.

Les prêtres étrangers en habits de chœur.

Les curés-doyens et les curés des paroisses du diocèse, au nombre de deux cents environ.

Les délégués des chapitres de Paris, de Chartres, de Meaux, de Blois et de Versailles.

Les chanoines du chapitre cathédral d'Orléans.

NN. SS. les Évêques et Archevêques par ordre de préséance et rang d'ordination. Ils étaient en camail violet et portaient la mitre blanche :

S. G. Mgr Goux, évêque de Versailles ;

S. G. Mgr Laborde, évêque de Blois ;

S. G. Mgr Perraud, évêque d'Autun ;

S. G. Mgr Turinaz, évêque de Tarentaise ;

S. G. Mgr Soubiranne, évêque de Sébaste ;

S. G. Mgr Freppel, évêque d'Angers ;

S. G. Mgr Foulon, évêque de Nancy ;

S. G. Mgr Thomas, évêque de la Rochelle ;

S. G. Mgr Hacquart, évêque de Verdun ;

S. G. Mgr Hugonin, évêque de Bayeux ;

S. G. Mgr Maret, évêque de Sura ;

S. G. Mgr Grimardias, évêque de Cahors ;

S. G. Mgr Davis, évêque de Saint-Brieuc ;

S. G. Mgr Pie, évêque de Poitiers ;

S. G. Mgr Regnault, évêque de Chartres (1) ;

S. G. Mgr de la Hailandière, ancien évêque de Vincennes (États-Unis) ;

S. G. Mgr Place, archevêque de Rennes ;

S. G. Mgr Langénieux, archevêque de Reims ;

S. G. Mgr Ramadié, archevêque d'Albi ;

S. G. Mgr Colet, archevêque de Tours ;

S. G. Mgr Bernadoux, archevêque de Sens (2) ;

S. E. Mgr le cardinal de Bonnechose, archevêque de Rouen.

Le prélat officiant, S. E. Mgr le cardinal Guibert, archevêque de Paris et métropolitain, en chape noire et avec mitre blanche, était précédé de quatre prélats également en chape noire (3).

(1) NN. SS. Regnauld et Pie ne figurèrent dans le cortége qu'à l'office célébré dans la cathédrale.

(2) Mgr Paulinier, archevêque de Besançon, était représenté par un aumônier militaire ; Mgr l'archevêque de Bourges par un de ses vicaires généraux, M. l'abbé de Lescaille.

(3) Mgr Richard, coadjuteur de Paris ; Mgr Magnin, évêque d'Annecy ; Mgr Duquesnay, évêque de Limoges ; Mgr Mermillod, évêque de Genève, qui se proposaient d'assister aux obsèques, s'étaient fait excuser.

Devant le char était portée par un prêtre, sur un coussin de velours cramoisi, la crosse de l'Évêque défunt. Elle était brisée en trois tronçons et voilée d'un crêpe.

Le char funèbre s'avançait, attelé de quatre chevaux caparaçonnés de housses noires à bordures d'argent, conduits à la main par quatre employés des pompes funèbres. Sous un dôme surmonté d'aigrettes et parsemé d'étoiles d'argent était placé le corps du prélat, revêtu de ses ornements pontificaux, la figure découverte.

Les cordons étaient tenus par M. le comte Rampont, vice-président du Sénat; par M. John Lemoinne, directeur de l'Académie française ; par M. le général Bataille, commandant du 5ᵉ corps d'armée ; par M. Dumas, premier président de la Cour d'appel d'Orléans ; par M. Joseph Michon, préfet du Loiret, et par M. Sanglier, maire d'Orléans.

Derrière le char suivaient les domestiques de l'illustre défunt.

Immédiatement après eux venait le cortége de deuil.

En tête de ce cortége s'avançait Mᵍʳ Coullié, hier le coadjuteur, aujourd'hui le successeur de Mᵍʳ Du-

panloup (1). Sa Grandeur, en soutane noire, tête
nue et le visage pâli par la douleur, marchait dans

(1) Mgr Pierre-Hector COULLIÉ, né à Paris le 14 mars
1829, ancien élève de Mgr Dupanloup à Saint-Nicolas,
successivement vicaire de Sainte-Marguerite, de Saint-
Eustache et de Notre-Dame-des-Victoires, promoteur du
diocèse de Paris, chanoine d'honneur de Nancy et de
Saint-Dié, nommé coadjuteur avec future succession, par
décret du 23 août 1876, préconisé évêque de Sidonie *in
partibus* le 29 septembre suivant, sacré dans l'Église métropolitaine de Paris le 19 novembre 1876.

Mgr COULLIÉ est le cent dix-neuvième Évêque d'Orléans depuis l'érection de ce siége et le huitième depuis
le concordat.

Ont été Évêques d'Orléans :

1o Mgr Étienne-Alexandre-Jean-Baptiste-Marie BER-
NIER, sacré en 1802, mort en 1806, le 1er octobre ;

2o Mgr Claude-Louis ROUSSEAU, né à Paris en 1736,
sacré à Paris en 1802, ancien évêque de Coutances, administra le diocèse d'Orléans après Mgr Bernier, et mourut à Blois, le 7 octobre 1810.

De 1810 à 1819, M. Jacques Raillon fut administrateur
capitulaire, mais ne reçut pas l'institution canonique.

3o Mgr Pierre-Marin ROUPH DE VARICOURT, né en 1755,
sacré évêque d'Orléans le 12 décembre 1819, mourut le
9 décembre 1822 ;

4o Mgr Jean BRUMAULT DE BEAUREGARD, né à Poitiers le
1er novembre 1749, sacré le 1er mai 1823, démissionnaire
en janvier 1839, mourut le 26 novembre 1841.

5o Mgr François-Nicolas-Madeleine MORLOT, né à Langres
le 28 décembre 1795, sacré le 18 août 1839, promu à Tours

l'attitude d'un fils conduisant le deuil de son père ; elle était entourée de ses vicaires généraux, MM. Rabotin et Bougaud, et accompagnée du secrétaire général de l'Évêché et du jeune prêtre qui avait eu le douloureux honneur d'assister le grand Évêque mourant. La maison épiscopale était suivie des délégations des grands corps de l'État, auxquels avait appartenu ou appartenait l'Évêque d'Orléans, et des ordres de l'Église, qui s'étaient souvenus des services rendus à sa cause par le noble défunt.

Le Sénat était représenté par M. le duc d'Audiffret-Pasquier, président du Sénat ; par M. le général de Ladmirault, vice-président ; par MM. le comte de Douhet, de Peyramont, le duc de Broglie, le baron de Barante, le vicomte de Meaux, ancien ministre ; Monnet, Delsol, le comte de Bondy, sénateurs, et par M. Barthélemy Saint-Marc Girardin, chef de cabinet du président du Sénat ;

L'Académie française, par MM. Camille Doucet,

le 27 janvier 1843, et à Paris en 1857, cardinal, mourut le 29 décembre 1862.

6º Mgr Jean-Jacques FAYET, né à Mende le 26 juillet 1787, sacré le 26 février 1843, mort le 5 avril 1849.

7º Mgr DUPANLOUP (1849-1878).

secrétaire perpétuel; Saint-René Taillandier, chancelier; Caro, de Champagny, Alexandre Dumas, Octave Feuillet;

Les Chambres ancienne et actuelle, par MM. de Corcelles et le baron Baude, anciens ambassadeurs; le vicomte Arthur de Cumont, ancien ministre; le comte de Rességuier, Ch. de la Combe, le marquis Antoine de Castellane, le vicomte Benoist d'Azy, Latour du Moulin, de Jouvenel, le marquis de Grammont, Léon Lefébure;

Le département du Loiret, par ses sénateurs : MM. Jahan et Dumesnil; par deux de ses députés : MM. de Massy et Bernier; par ses fonctionnaires : MM. Limpérani, sous-préfet de Montargis; Grégoire, sous-préfet de Pithiviers; P. Pandevant, sous-préfet de Gien.

On remarquait encore MM. Petau et Bernard d'Harcourt, anciens députés; MM. de Behr et Sazerac de Forge, anciens préfets du Loiret; Pougin de la Maisonneuve, ancien sous-préfet de Gien; M. Eug. Vignat, ancien maire d'Orléans.

L'armée était représentée par les généraux Appert, Deville, Thibaudin, de Clermont-Tonnerre; par les intendants et sous-intendants militaires, et par les états-majors du 5ᵉ corps d'armée, de la subdivision et de la place ; la magistrature, par les conseillers à la Cour d'appel en robe rouge, par les juges du tribunal de première instance et du tribunal de commerce, par les juges de paix.

Venaient encore dans l'ordre des préséances :

Le Conseil de préfecture, le Conseil général du Loiret, le Conseil d'arrondissement, le Conseil municipal, le corps Académique et les professeurs du Lycée, la chambre de commerce, le Conseil des prud'hommes, les commissaires de police, les ingénieurs des ponts et chaussées, les membres du jury criminel, les fonctionnaires et invités.

Parmi les invités, on remarquait les délégués du clergé régulier et séculier, des universités catholiques et de la presse catholique.

Le clergé de Paris tenait le premier rang par le nombre de ses représentants : MM. d'Hulst, vicaire-général ; Legrand, curé de Saint-Germain-l'Auxerrois ; Scheltien, curé de Saint-Eustache ; Perdrau, curé de Saint-Étienne-du-Mont ; Lamazou, curé de Notre-Dame d'Auteuil ; Cisson, curé de Saint-Honoré ; Cognat, curé de Notre-Dame-des-Champs ; Roussel, directeur de l'Orphelinat d'Auteuil ; Ber-

nard, aumônier de l'École normale de Paris ;
Fabre, professeur à l'École des langues orientales ;
Gardet, premier vicaire de Sainte-Clotilde, etc. ;

Les Congrégations et Ordres religieux, par
MM. Icard, supérieur général de la Société de
Saint-Sulpice ; par M. Pémartin, secrétaire-général
des Lazaristes ; par les RR. PP. Chocarne, de
Vigouroux, des Frères-Prêcheurs ; par le R. F.
Irlides, supérieur général des Frères de la doctrine
chrétienne ; et par plusieurs Bénédictins d'Ensiedeln
et de la Pierre-qui-Vire ;

L'Université catholique de Paris, par M. l'abbé
Conil, recteur ; MM. Nisard, doyen de la Faculté
des lettres ; Connelly, doyen de la Faculté de
droit ; MM. Hamel, Alix, Tison, professeurs ; celle
de Lille, par M. l'abbé Baunard, professeur d'éloquence sacrée ; et par M. le docteur Desplats, chef
de clinique médicale ;

L'enseignement secondaire ecclésiastique, par
M. l'abbé Ledain, directeur de l'École des Carmes ;
par M. l'abbé Delaunay, sous-directeur de l'École
de Pontlevoy ; par les RR. PP. Houlès, prieurs, et
Calvet, régent des études à l'École Albert-le-
Grand, d'Arcueil ;

La presse catholique, par tous les rédacteurs de la *Défense*; M. François Beslay, du *Français*; L. Lavedan, du *Correspondant*; M. Pillet, du *Journal des Villes et Campagnes*; M. le vicomte Hélion de Barrême, de la *France nouvelle,* auxquels s'étaient joints les correspondants des journaux conservateurs, comme la *Gazette de France,* la *Patrie, Paris-Journal,* le *Gaulois,* le *Moniteur universel* et le *Figaro* (1).

La presse belge et irlandaise avait aussi ses représentants : MM. Neut et de Leonhard.

Le 76ᵉ de ligne, enfin, avec ses tambours, ses clairons et sa musique, fermait cet immense cortége.

Avant de pénétrer dans la cathédrale, où doit s'accomplir, après le service solennel, la cérémonie privée de la sépulture, il nous faut jeter un coup d'œil sur le cadre mouvant à travers lequel se déroula ce long et imposant cortége.

La population tout entière de la ville, accrue par les habitants des campagnes voisines et par bon nombre d'étrangers, s'était concentrée dans les

(1) M. de Villemessant s'était fait un devoir personnel d'assister aux obsèques.

rues et sur les places pour assister au défilé funèbre. Elle se tenait rangée, compacte, silencieuse et recueillie de chaque côté de la chaussée. Partout les magasins étaient fermés en signe de deuil. Les hommes étaient tête nue. Aux fenêtres apparaissaient des groupes de femmes en noir : c'était sans doute de la curiosité ; mais ce sentiment naturel était contenu par le respect et dominé par la tristesse.

A mesure que le corbillard passait à travers la foule, le silence se faisait ou redoublait, et tous les regards se concentraient sur l'Évêque couché dans sa bière, pour contempler une dernière fois cette figure, naguère si mobile et si animée, sur laquelle la mort avait imprimé sa marque livide et glacée. Cette rencontre à ciel ouvert et cette vue de la mort face à face frappaient toutes les âmes d'une émotion aussi profonde que salutaire, dont les plus indifférentes avaient peine à se défendre. Instinctivement, parmi tous ces curieux, les uns s'inclinaient comme pour recevoir une bénédiction ; les autres mettaient chapeau bas, saisis par la majesté hideuse de la mort.

Arrivé sur la place du Martroi, qui était couverte d'une foule houleuse, le char funèbre fit le tour de la statue équestre de Jeanne d'Arc. A ce moment, le bronze, éclairé par un furtif rayon de soleil, sembla s'animer : la *Pucelle* d'Orléans saluait de l'épée la dépouille de celui qui s'était constitué son chevalier, en rehaussant sa gloire par les charmes de sa patriotique éloquence et en servant sa mémoire par les traits victorieux de sa plume vengeresse.

Il était onze heures, quand le grand Évêque, porté à bras dans son cercueil, pénétra dans son église cathédrale, pour n'en plus sortir. En même temps, les chants religieux se turent devant la *marche funèbre* de Chopin, exécutée derrière le sanctuaire par la musique du 76e de ligne. Cependant les maîtres de cérémonies installaient sur son lit de parade le vénérable défunt. On plaça à ses pieds un grand coussin noir, à bordure dorée, sur lequel étaient fixés sa croix de la *Légion-d'Honneur* et le collier du *Christ de Portugal*. Un peu plus bas, on déposa la belle et immense couronne de fleurs blanches, hommage des dames d'Orléans, et de chaque côté toutes les autres couronnes de fleurs naturelles et artificielles qu'avait portées le groupe de jeunes filles. Tout près du pavé, sur un petit coussin cramoisi, gisait, brisée en trois tronçons et recouverte d'un crêpe, la crosse d'or de l'Évêque. Le pasteur, foudroyé loin de son troupeau, n'avait plus besoin de sa houlette.

Bientôt tout le cortége civil et religieux, les invités ont rempli la grand nef, le transept, le chœur et le sanctuaire. A gauche du catafalque se sont placés les états-majors militaires ; à droite les juges du tribunal de première instance. Venaient ensuite les membres du Conseil municipal, du Conseil de préfecture et des sociétés savantes. Le chœur était réservé aux archevêques et évêques, au clergé, aux délégués de l'Académie et du Sénat, aux membres de la Cour d'appel et aux personnages de distinction.

Devant le sanctuaire, on remarquait Mme la maréchale de Mac-Mahon ; M. de Gouvion Saint-Cyr, officier d'ordonnance, représentant M. le maréchal Président de la République ; Mgr le prince de Joinville ; M. Antoine de la Tour, représentant Mgr le duc de Montpensier ; M. le marquis de Béthisy, ancien pair de France, et autour d'eux un grand nombre de notabilités politiques et littéraires.

Enfin la messe commença.

Ce fut Son Ém. le cardinal archevêque de Paris qui officia. Il était assisté par MM. de la Taille, vicaire-général et doyen de Pithiviers ; Chauvet, doyen de Montargis ; Godefroy, doyen de Gien ; Nollin, curé de Saint-Donatien, et Guynand, chanoine honoraire. Les chants liturgiques, harmonisés par M. Alexandre Lemoine, maître de chapelle de la cathédrale, furent exécutés avec une rare perfection par les élèves du grand Séminaire et les enfants de la maîtrise. Le plain-chant, avec ses mélodies simples et austères, son rhythme grave, a un accent plus religieux que notre musique moderne. Aussi le chant du *Dies iræ,* dont les strophes paires en faux-bourdon alternaient avec le plain-chant, impressionna vivement l'assistance ; mais, sous cette voûte immense, quelque chose manquait : c'était la voix majestueuse et sonore des orgues, qu'on était occupé à réparer.

Le diacre avait à peine fini de chanter l'évangile, que tous les regards se portèrent vers la chaire où, après avoir écarté le voile de crêpe qui l'enveloppait, M. l'abbé Bougaud venait d'apparaître, fixant du regard le catafalque. Il courut comme un

frisson dans l'auditoire. Cette chaire ! Mgr Dupanloup avait eu là quelques-uns de ses grands triomphes oratoires. On se rappelait les deux immortels
panégyriques de Jeanne d'Arc qu'il avait prononcés
à cette place même. Une fois, l'orateur sacré
avait raconté l'héroïne ; l'autre, il avait célébré
la sainte (1). Quel mouvement et quelle aisance !
quelle chaleur et quelle vie ! quelle belle lumière
d'une âme tout en feu, et quels élans ! Et maintenant ? Le grand orateur est encore là, muet, sans
vie, réveillant tous ces souvenirs, mais ne les ani-
mant plus. La lumière jaunâtre des cierges, se
mêlant à la flamme verte et vacillante des lampadaires, éclairait son visage, qui avait l'aspect de la
cire, donnait des teintes étranges au manteau violet
qui recouvrait le corps et enveloppait le lit funèbre
de lugubres reflets.

A cette vision, provoquée instantanément par
l'attitude de l'orateur, succéda un de ces silences
profonds, que l'attente et l'attention redoublent,
pour inviter et presser celui qui doit traduire par

(1) Cfr. *Mgr Dupanloup, dans la chaire de Sainte-Croix,*
par **M. Arthur Johanet**, président de l'Académie de
Sainte-Croix.

la parole une grande émotion. Rien ne saurait
rendre les accents de M. l'abbé Bougaud, lorsque,
d'une voix sonore, le cœur navré, d'un geste ex-
pressif, puissant, mais contenu, montrant le corps
de son Évêque, il s'écria — après avoir dit pour-
quoi il n'y aurait pas d'oraison funèbre : — « Et
cependant nous nous tairons…. puisqu'il le faut !…
Nous comprimerons l'éloge sur nos lèvres… puisqu'il l'a voulu !…. » Nous renonçons à analyser
les sentiments de l'auditoire saisi, ému, bouleversé
par ce long cri d'un cœur atterré par la grandeur
de la perte faite par Orléans, la France et l'Église.

Voici, du reste, le texte même de ce discours,
dont on n'a encore donné que des versions plus
ou moins exactes :

« Messieurs,

« Le grand Évêque que nous pleurons a défendu, vous
le savez, qu'aucune oraison funèbre soit prononcée
à ses obsèques ; et, malgré la douleur que nous cause
une telle prohibition, nous nous y conformerons reli-
gieusement, voulant lui donner, jusque dans la tombe,
cette dernière marque de notre filiale obéissance.

« Nous laisserons la piété, la reconnaissance, l'admira-
tion, le souvenir de ses grandes œuvres, lui faire dans

tous vos cœurs la seule oraison funèbre qui soit digne
de lui. Et déjà cette foule, cette ville en deuil, ces funérailles presque royales, ce religieux et sublime concours
de tout ce qu'il y a de plus grand dans tous les ordres
de la société, ne disent-ils pas plus haut que toute parole ce qu'était celui que nous avons perdu?... quelle
place, à jamais vide, il tenait dans cette grande Église
catholique dont il fut toujours l'athlète intrépide, infatigable et si puissant, dans cette France qu'il aimait
éperdument; — ah! jamais âme ne fut plus française!
— dans cette société moderne dont il comprenait si bien
les aspirations légitimes, et dont il toucha toujours les
plaies d'une main si délicate, craignant de blesser quand
il voulait guérir; dans ce diocèse et cette ville d'Orléans dont il fut, pendant trente ans, la flamme, et
enfin dans cette foule d'âmes éminentes accourues de
toutes parts, et dont les larmes et la douleur lui font,
depuis huit jours, le plus magnifique des triomphes!

« Et cependant nous nous tairons, puisqu'il le faut!
Nous comprimerons l'éloge sur nos lèvres, puisqu'il l'a
voulu! Mais nous nous donnerons un dédommagement
que ce grand et cher défunt n'a pas songé à nous in-
terdire : ce sera de l'écouter une dernière fois; ce sera
de lire, ici, au pied des autels, devant ses restes vénérés, du haut de cette chaire en deuil, le testament où
il a déposé, avec ses dernières recommandations et ses
derniers adieux, l'expression de ses sentiments les plus
intimes.

« Ce testament est déjà ancien. Il a dix ans de date. Il a été écrit le 10 avril 1868, un jour de vendredi saint, pendant une de ces retraites d'hommes dont la mémoire sera impérissable à Orléans, où se mêlaient, dans un langage si simple, presque familier, les éclairs inattendus et toutes les tendresses de sa parole. Au moment où Msr Dupanloup écrivait ce testament, il était déjà dans toute sa gloire. Et c'est ce qui donne un charme si pénétrant aux sentiments d'humilité, de repentir, de mépris de soi-même, d'entier abandon à la miséricorde divine qui éclate à toutes les lignes !

« Il y a là une âme peu connue de la foule, une âme de vrai prêtre, de saint Évêque, et je le dirai, d'humble chrétien, plus grande devant Dieu et même devant les hommes, que l'âme du polémiste, de l'écrivain et de l'orateur. C'est cette âme qui vivra éternellement, car, dans sa longue carrière, à travers les ombres mobiles des choses qui passent, elle a aimé fidèlement, ardemment, ce qui ne passe pas : la vérité, la vertu, l'honneur, l'intégrité privée et publique, les âmes et Dieu ! »

Après ces paroles, entrecoupées de larmes, M. l'abbé Bougaud commença, au milieu d'un silence solennel la lecture de ce testament, chef-d'œuvre de simplicité, d'humilité, de foi et d'espérance, écrit alors qu'on disait déjà « le grand Évêque d'Orléans. »

Voici les passages principaux, tels qu'ils ont pu être reconstitués d'après les notes prises pendant que M. l'abbé Bougaud lisait :

« Orléans, vendredi saint, 10 avril 1868.

« Au nom du **Père** qui m'a créé, du **Fils** qui m'a racheté et du **Saint-Esprit** qui m'a sanctifié. L'heure est venue pour moi de penser plus immédiatement à la mort ; l'âge et les fatigues m'annoncent ma fin prochaine. La tristesse des temps, le besoin du repos et surtout l'espérance que j'ai en la miséricorde infinie de Notre-Seigneur me font regarder avec crainte et tremblement, mais avec confiance, ce moment redoutable. S'il plaît à Dieu de me recevoir dans son sein malgré mes péchés et mes misères, je le bénis et lui fais bien volontiers le sacrifice de ma vie pour le jour qu'il lui plaira de la reprendre.

« Il est juste et doux tout à la fois pour moi de redire en ce jour : *In manus tuas, Domine, commendo spiritum meum*, à l'exemple de Jésus-Christ sur la croix, car c'est le sentiment avec lequel je dois remettre mon âme entre les mains de Jésus-Christ qui m'a fait prêtre, et aussi entre celles de l'Esprit saint qui m'a aidé jusqu'ici, malgré l'imbécillité naturelle de mon esprit, dans mes luttes pour l'œuvre de la fidélité au service de Dieu.

« C'est également dans un sentiment de reconnaissance pour les bontés infinies dont j'ai été comblé que j'ai choisi, pour dicter mes dernières volontés, ce jour du vendredi saint, où il me paraît particulièrement doux et consolant de faire un acte aussi solennel. C'est le jour où mon Créateur et Sauveur a offert sa vie pour moi.

« Je meurs dans le sein de l'Église catholique, apostolique et romaine, dans laquelle j'ai eu le bonheur de naître et où j'ai été élevé par une suite de bontés toutes divines, bontés dont j'ai seul le secret, dont je sens tout le prix, et que je ne puis sentir encore au degré où cela est : *De stercore erigens pauperem.*

« Je demande aux prêtres que j'ai élevés et ordonnés de ne pas m'oublier, et je leur adresse instamment cette recommandation des saints Livres : *Miseremini, miseremini mei, saltem vos, amici mei !*

« Je demande également les prières des excellents fidèles de mon bien-aimé diocèse, pour le salut desquels j'aurais voulu faire bien davantage.

« Je demande à tous ceux qui auront la charité de prier pour moi après ma mort de ne se faire aucune illusion sur mes besoins, qui sont innombrables.

« Je désire que toutes ces prières soient faites par l'intercession de la très-sainte Vierge, dont la protection toujours maternelle m'a constamment accompagné dans ma carrière.

« Je meurs donc en invoquant la Vierge Marie, qui n'a cessé d'être ma bonne mère depuis ma naissance et surtout depuis ma première communion ; les saints anges saint Michel, Gabriel et Raphaël, mon ange gardien et celui de ce diocèse ; mes saints patrons, saint Félix et saint Antoine ; les anciens évêques d'Orléans, saint Aignan et saint Euverte ; sainte Geneviève, patronne de Paris, et saint Denis ; les saints apôtres Pierre et Paul, saint Paul surtout, dont le grand exemple m'a constamment soutenu dans ce que j'ai essayé de faire pour la défense de l'Église et du Saint-Siége.

« Je demande enfin pardon à ceux que j'aurais pu offenser ou blesser en quoi que ce soit dans le cours de ma carrière déjà bien longue.

(Suivent les dispositions testamentaires ; M. l'abbé Bougaud n'a donné lecture que de la dernière, que nous reproduisons.)

« Il s'est à peu près établi en usage qu'après la mort d'un Évêque on fasse son oraison funèbre. Je demande expressément qu'il soit dérogé pour moi à cet usage.

« On ne peut dans ces sortes de discours rendre un complet hommage à la vérité : on loue souvent un pauvre homme qu'on n'a pas connu.

« Si l'homme est susceptible de bien faire, n'est-il pas aussi susceptible de commettre des erreurs que

4.

Dieu seul connaît? Je défends donc qu'à mes obsèques il soit fait aucune oraison funèbre. »

L'office s'achevait sous le coup de l'émotion produite par cette lecture. Les cinq absoutes furent données par LL. GG. l'archevêque de Sens, l'archevêque de Rennes, l'archevêque de Tours, l'archevêque d'Albi, et la dernière par S. E. Mgr le cardinal archevêque de Paris.

Toutes les prières terminées, l'assistance se sépara. Il restait à accomplir la douloureuse cérémonie des funérailles ; c'était Mgr Coullié qui s'était réservé ce pénible devoir. L'Évêque d'Orléans avait à cœur de commencer sa charge pastorale par inhumer l'Évêque d'Orléans au lieu de repos qu'il avait fixé, quand, le 11 décembre 1849, le Chapitre était venu le chercher dans la *chapelle de tous les Saints* (1), pour le conduire à son trône.

Ici nous laissons la parole à un jeune magistrat, fidèle disciple du grand Évêque (2).

(1) Cette chapelle se trouve à côté de la sacristie. En la faisant réparer, Mgr Dupanloup y avait choisi sa place à côté de son prédécesseur, Mgr Fayet ; et, comme prise de possession anticipée, il avait, sur une table de marbre adossée à la muraille, fait graver ses armes épiscopales.
(2) M. Couret-Leroux.

«... Vers trois heures et demie, à l'issue des vêpres du chapitre, Mgr Coullié, suivi de quelques-uns de ses prêtres et d'un ou deux laïques, fidèles jusqu'à la dernière heure, s'approcha du catafalque. Le cercueil de Monseigneur fut retiré de son monument et porté jusque dans la chapelle de tous les Saints, où il avait, de son vivant, fait préparer sa tombe.

« Un caveau profond était creusé à gauche de l'autel, du côté de l'évangile : c'est là que Monseigneur devait reposer (1).

« Le cercueil ouvert fut placé sur les dalles de la chapelle, la tête appuyée en quelque sorte contre l'autel, les pieds tournés vers la grille. Le docteur Minder, qui avait procédé à l'embaumement au château de la Combe, répandit des aromates le long des bords intérieurs du cercueil, versa de la myrrhe sous la tête de Monseigneur, dernier effort de la science pour disputer au temps des restes vénérés et chers.

« Il ne restait plus que quelques soins à donner avant de voiler pour jamais la figure bien-aimée de l'Évêque d'Orléans.

« Une main repectueuse retira sa mitre d'argent et la déposa à ses pieds.

(1) Ce caveau a été construit exprès : il est adossé au mur, du côté de la chapelle ; il contient trois compartiments. Dans l'inférieur, on a replacé le cercueil de plomb de Mgr Fayet, qui était en pleine terre ; c'est sur la tablette qui suit que le cercueil de Mgr Dupanloup est déposé.

« A ce moment, Monseigneur était encore parfaitement reconnaissable. Ses traits, bien que très-altérés, ses yeux éteints, son visage contracté et comme rapetissé par la mort, gardaient encore des traces incontestables de la grandeur de l'âme qui les anima : c'était bien toujours l'Évêque d'Orléans. Les regards éplorés, attachés sur ce noble visage, continuaient à le reconnaître et ne se lassaient pas d'en contempler la sublimité endormie.

« Monseigneur était revêtu d'une chape de soie violette avec large bande jaune où était brodé un iris violet tigé et feuillé de vert ; l'étole de même étoffe, les deux extrémités relevées et croisées sur la poitrine ; les bras étendus, les mains jointes gantées de violet, l'anneau pastoral au doigt et un chapelet à grains de nacre, ce chapelet qu'il disait à l'instant de la mort, enroulé autour de ses mains.

« Enfin le moment est venu : une médaille d'argent, représentant sur la face le profil de Mgr Dupanloup et sur le revers la façade de la cathédrale d'Orléans, et une couronne de fleurs naturelles, suprême hommage d'un regret filial, sont déposées aux pieds de l'Évêque. Un couvercle de plomb est adapté à la bière. Cette enveloppe est abritée elle-même sous un couvercle de bois que maintiennent trois anneaux de fer. Au sommet, du côté de la tête, une plaque de cuivre porte cette inscription en lettres noires :

Mgr FÉLIX-ANTOINE-PHILIBERT DUPANLOUP,
ÉVÊQUE D'ORLÉANS, ASSISTANT AU TRÔNE PONTIFICAL,
COMTE ROMAIN, MEMBRE DU SÉNAT,
CHEVALIER DE LA LÉGION-D'HONNEUR,
DE SAINT-MAURICE ET DE SAINT-LAZARE ET DU CHRIST DE PORTUGAL,
DÉCÉDÉ AU CHATEAU DE LA COMBE (ISÈRE)
LE 11 OCTOBRE 1878,
A L'AGE DE SOIXANTE-DIX-SEPT ANS.

« Des cordes sont attachées aux poignées de fer fixées de chaque côté de la bière ; le cercueil se soulève et descend lentement dans le caveau funèbre...

« A ce moment Mgr Coullié qui, entouré d'un certain nombre de prêtres, avait assisté avec une douloureuse émotion à ces tristes préparatifs, s'agenouille au bord de la fosse et prononce d'une voix tremblante de larmes le *De profundis* et le *Requiescat in pace*. Du fond du cœur tous répondent : *Amen*. Mgr Coullié bénit une dernière fois cette tombe qui renferme tant de talent, de flamme et d'affection, et se retire avec ses prêtres. Il est cinq heures et demie du soir. Il ne reste auprès de Monseigneur que les ouvriers qui descendent les pierres de la tombe, un jeune prêtre et quelques religieuses en manteau noir. Une couronne d'immortelles est placée sur le cercueil, et les quatre dalles qui le recouvrent sont scellées l'une après l'autre.

« Tout est terminé. »

Le lendemain, le pavé rétabli disparaissait, ainsi que les murs et l'autel, sous les fleurs, couronnes et bouquets qui avaient figuré dans le cortége des funérailles, ou dont la piété des fidèles avait couvert le tombeau (1). Bientôt un monument plus durable, dû à un grand artiste, M. Chapu, et digne du grand Évêque, remplacera ces éphémères témoignages de nos immortels regrets.

(1) Le nombre et la beauté des couronnes et bouquets qui ont été déposés sur le cercueil de Mgr Dupanloup, depuis le jour qu'il a été exposé dans la chapelle ardente de l'Évêché jusqu'à celui de ses funérailles, méritent, à notre avis, une mention toute spéciale.

Ce furent ses hôtes désolés de la Combe qui, les premiers, rendirent à ses restes vénérés ce funèbre hommage. A son arrivée à Orléans, le cercueil, recouvert d'un drap mortuaire, était surmonté d'une immense couronne, d'une croix et de deux énormes bouquets, le tout de fleurs naturelles. Ce furent encore ses hôtes inconsolés de Saint-Benin d'Azy qui firent déposer dans le cercueil même la dernière couronne : ces fleurs, « nées chez eux, » en reposant aux pieds de Monseigneur, symbolisent « leurs éternels regrets. »

Tout le temps de l'exposition, bouquets sur bouquets, de roses blanches et de violettes de Parme, ont été mis autour du cercueil, de telle façon que Monseigneur semblait reposer sur un lit de fleurs. Une splendide couronne de camélias blancs, venue de Londres, attirait surtout les regards.

Le jour des funérailles, la plupart des délégations, qui composaient l'immense cortége eurent leur couronne. Presque toutes furent portées par un groupe de jeunes filles en robe noire et en long voile blanc. La vue de ce groupe avec ces emblêmes funéraires impressionna vivement la foule : c'était la note lugubre de cette longue procession.

§ III

Translation du cœur de Mgr Dupanloup à Saint-Félix (18 mars 1879).

Commencées à Orléans, les obsèques de Mgr Dupanloup ne devaient s'achever qu'à Saint-Félix. Par humilité autant que par reconnaissance, le grand Évêque avait voulu que son cœur reposât dans la

Nous ne saurions décrire toutes ces couronnes, les unes en fleurs artificielles et en jais, les autres en fleurs naturelles ; mais nous voulons du moins les énumérer :

1° Couronne des *Médaillés-sauveteurs ;* elle portait cette inscription : *A leur membre honoraire et bienfaiteur.*

2° Couronne des *Orphelins de la guerre.* Cette œuvre, née au lendemain de nos désastres, sous le haut patronage de Mgr Dupanloup, est toujours en plein exercice.

3° Couronne des *Sourds-Muets d'Orléans*; elle avait pour exergue : *A leur père, les sourds-muets reconnaissants.*

4° Couronne du *Cercle catholique d'ouvriers*, avec cette devise : *In hoc signo vinces !*

5° Couronne des *Conférences de Saint-Vincent-de-Paul d'Orléans.*

6° Couronne de la *Société de Saint-Joseph.*

7° Couronne de la *Société de Persévérance.*

8° Couronne de l'*œuvre des Apprentis.*

9° Couronne des *Jeunes filles du catéchisme de Persévérance de Sainte-Croix.*

modeste église où, au commencement de janvier 1802, il avait été baptisé. Mais cette dernière cérémonie, à cause de l'hiver, avait été forcément différée. En attendant, le cœur, détaché du corps le 13 octobre, avait été embaumé, revêtu d'une enveloppe de plomb et enfermé dans un riche

10° Couronne du *Pensionnat des Sœurs de Saint-Aignan*.

11° Couronne des *Anciennes élèves de Saint-Aignan*.

12° Couronne du *Pensionnat des Frères*.

13° Couronne des élèves de *Notre-Dame de Bethléem* de Ferrières.

14° Couronne des élèves du *petit Séminaire de Sainte-Croix ;* on y lisait : *O Crux, ave, spes unica !*

15° Couronne des élèves du *petit Séminaire de La Chapelle*.

16° Couronne des *Anciens élèves* du petit Séminaire de La Chapelle. Ces deux couronnes avaient la même devise : *Virtute et scientiâ.*

17° Couronne des élèves du *petit Séminaire de Saint-Nicolas* de Paris.

18° Couronne de la *paroisse de Saint-Marc*.

19° Couronne de l'*École normale*, dirigée par les Sœurs de la Sagesse.

20° Couronne des *Orphelines de Saint-Denis* (Seine).

21° Couronne du *Pensionnat de M*lle *Chéron*.

22° Parmi ces couronnes, il en était une, vraiment monumentale, composée de boutons de roses blanches, d'où émergeait un gigantesque bouquet de mêmes fleurs. Elle était portée sur un brancard enguirlandé par plusieurs jeunes filles ; c'était l'offrande des *Dames d'Orléans*.

Après ces couronnes du cortége, nous ne devons pas

coffret d'acajou. Ce précieux dépôt resta quelque temps dans la chapelle de la Combe, confié à la garde respectueuse d'une famille, qui aurait voulu n'en être jamais relevée. Elle eût désiré néanmoins la prolonger ; mais, comme elle était forcée, par la maladie d'un de ses membres (1), d'aller passer l'hiver à Hyères, le 7 novembre, M. le curé de

omettre celles qui, au moment même de la levée du corps, avaient été déposées au pied du cercueil, au nom de la *Pologne*, de l'*Irlande*, de la *Hollande* et de la *Belgique*.

D'autres étaient des hommages individuels au *Père béni de leurs âmes*. Nous respecterons le voile discret de l'anonyme qui les recouvre.

Néanmoins, nous signalerons une croix de fleurs blanches apportée de Nice par M. le comte Hélion de Barrême. Mme la maréchale de Mac-Mahon, n'oubliant pas son titre de diocésaine, à l'honneur de sa noble présence aux obsèques de son Évêque avait daigné ajouter l'hommage d'une superbe couronne composée de larges pensées artificielles. Enfin Mgr le prince Joinville, qui, pendant les jours néfastes de l'invasion (4 décembre 1870), avait été l'hôte clandestin de Mgr Dupanloup, avait tenu à donner un gage public de sa reconnaissance. Par l'intermédiaire d'un vicaire général, il avait fait déposer, au moment de la levée du corps, une couronne de fleurs blanches sur le cercueil du prisonnier de Frédéric-Charles.

(1) M. Félix du Boys, substitut du procureur général à Grenoble, décédé le 15 décembre suivant.

Lancey, après une messe célébrée dans la chapelle du château, remettait le cœur au vénérable curé de Saint-Félix (1), qui, le jour même, le transportait dans le palais archiépiscopal de Chambéry. Ce fut là qu'il attendit le 18 mars 1879, date fixée pour sa translation à Saint-Félix et pour sa déposition solennelle dans l'église de cette paroisse.

Entre Annecy et Chambéry, au pied des hautes montagnes des Bauges, dans la riante vallée de Rumilly, quelques maisons rustiques, éparses au milieu des noyers et des vergers, composent ce village savoisien, inconnu hier encore, mais désormais célèbre (2) : car c'est là qu'allait s'accomplir le dernier acte des funérailles de Mgr Dupanloup, dont nous nous sommes constitué le chroniqueur plutôt que l'historien.

Le mardi 18 mars au matin, le temps était splendide : seuls la *Dent du Chat* et les hauts sommets des Bauges apparaissaient saupoudrés d'une neige

(1) M. l'abbé Dijoud, qui, depuis plus de trente ans, gouverne cette paroisse.

(2) Saint-Félix est une petite commune d'environ 900 habitants, dépendant du canton d'Albi, de l'arrondissement d'Annecy et du département de la Haute-Savoie.

qui s'en alla avec les premiers rayons du soleil.
Des deux côtés de la route, qui traverse ce bourg
alpestre, sur une longueur de 1,500 mètres, des
sapins rangés avec symétrie, des guirlandes de
verdure foncée, courant d'un sapin à l'autre et
entremêlées de bandes d'étoffe noire et blanche,
d'écussons aux armes de l'Évêque, de couronnes
et de palmes, donnaient au village un aspect austère, qui indiquait assez que ce n'était point
une fête qu'on allait célébrer, mais une cérémonie
funèbre qui se préparait.

A dix heures, une salve de boîtes annonça le
départ de la procession, qui de la maison curiale
devait accompagner jusqu'à l'église l'urne où le
cœur était renfermé. Le cortége immense et varié
se composait des enfants des écoles, des membres
des confréries du Saint-Sacrement et du Rosaire,
des élèves du collége ecclésiastique de Rumilly,
avec leur musique et leur proviseur, M. l'abbé Du-
cret; des notables des départements de la Savoie
et de la Haute-Savoie; de tous les membres du
Conseil municipal, maire en tête, et du Conseil de
fabrique. Puis venaient un grand nombre de curés
savoisiens, le chapitre d'Annecy, représenté par

M. Ruffin, prévôt et vicaire capitulaire (*sede vacante*), et par M. le chanoine Gex; en chape et en mitre, Nosseigneurs les Évêques, assistés de leurs vicaires généraux et escortés par la compagnie de sapeurs-pompiers. C'étaient S. G. M⊃r Gros, évêque démissionnaire de Tarentaise et chanoine de Saint-Denis; S. G. M⊃r Turinaz, évêque de Tarentaise; S. G. M⊃r Rosset, évêque de Maurienne; enfin le prélat officiant, S. G. M⊃r Pichenot, archevêque de Chambéry, ayant à ses côtés M. l'abbé Vivien, vicaire général, et M. le chanoine Calloud. Après les prélats, se trouvait M. l'abbé Lagrange, vicaire général d'Orléans, qui, ému jusqu'aux larmes, portait, sur un coussin de velours violet, l'urne funéraire; il était assisté dans cette pénible mission par M. l'abbé Bougaud, vicaire-général d'Orléans, et par M. l'abbé Gélot, chanoine honoraire d'Orléans. Ces trois derniers étaient les délégués de M⊃r Coullié, évêque d'Orléans, auquel, à son grand regret, les grandes fatigues d'un récent voyage *ad limina Apostolorum* n'avaient pas permis de participer à cette cérémonie.

Tout près du cœur se tenait un groupe d'amis

dévoués : M. Albert du Boys, sous le poids d'un deuil intime ; M. l'abbé Chapon, le dernier confident de l'Évêque d'Orléans ; M. le marquis Alb. Costa de Beauregard, M. le comte de Thiolaz, M. de Bournet. Suivait une députation de l'Académie de Savoie et de l'Académie florimontane, ayant à sa tête M. le chevalier d'Arcolières et M. l'avocat Pillet. Toute la population de Saint-Félix, grossie d'une foule immense accourue des localités voisines, fermait la marche.

Le cortége s'ouvrit lentement passage sous les rayons d'un soleil éclatant, à travers les flots d'une foule recueillie et respectueuse ; il se déroula sur l'unique place pour saluer, en passant, la chaumière, parée de feuillage, où était né l'illustre défunt (1); puis il contourna l'église pour regagner la route et remonter jusqu'au bourg. Après ce parcours, accompli au chant des psaumes, la proces-

---

(1) Nosseigneurs les Évêques de la Savoie et les principaux personnages présents à la cérémonie, dans une séance tenue au presbytère de Saint-Félix, ont décidé, à l'unanimité, l'achat de la maison où est né Mgr Dupanloup.

Cette maison serait consacrée à une bonne œuvre.

Un cómité s'est formé, séance tenante, sous la présidence de M. le marquis Costa de Beauregard, pour provoquer des souscriptions.

5.

sion pénétrait enfin dans l'église tendue de noir
et ornée d'écussons, que le grand Évêque s'était plu
à décorer, et à laquelle, comme dernier présent, et
le plus précieux, il avait fait don de son cœur (1).
Dès que l'urne qui le renfermait eut été placée
sur le catafalque dressé au milieu du chœur, l'office commença. La messe fut chantée par Sa Grandeur Mgr l'archevêque de Chambéry. Les chants
furent exécutés par la chorale, accompagnée de la
fanfare du collége de Rumilly. La messe dite, le
prélat officiant monta en chaire et prononça une
courte allocution. Respectant le vœu de l'illustre
défunt, Sa Grandeur ne fit pas d'oraison funèbre ;
mais, s'inspirant heureusement de la présence du
cœur du grand Évêque, elle expliqua à la population l'honneur que lui avait fait Mgr Dupanloup en
lui léguant son cœur qui a tant aimé Dieu,

(1) Presque chaque année, Mgr Dupanloup se rendait à
Saint-Félix pour prier dans sa chère église et pour revoir
le curé de Saint-Félix, qu'il appelait modestement « son
curé. » Il avait donné à la vieille église un remarquable
tableau représentant le martyre de saint Félix, son pa-
tron, et les deux belles lampes qui brillent à droite et à
gauche de la lampe du sanctuaire ; dans sa dernière visite, il avait promis un tableau du Sacré-Cœur.

l'Église et la France; et, en finissant, elle conjura l'assistance d'être, comme l'a été toute sa vie celui que l'Église de France venait de perdre, au moment où elle en avait le plus besoin, toujours religieuse et toujours fidèle aux accents de ce grand cœur sacerdotal.

Puis, après l'absoute faite par le célébrant, l'urne fut placée dans une ouverture pratiquée dans le mur de la nef latérale de droite. Si convenable que soit cet endroit, nous regrettons qu'il n'ait pas été choisi plus près des fonts baptismaux, d'où Mgr Dupanloup était sorti enfant de l'Église pour en être l'infatigable défenseur. C'était même pour reconnaître cette grâce d'élection que l'Évêque d'Orléans s'était proposé de revêtir de marbre la vieille pierre du baptistère, et qu'en mourant il avait laissé à l'église de Saint-Félix, en lui léguant son cœur, « le plus touchant témoignage de son affection (1). » Quoi qu'il en soit, l'ouverture fut

(1) Voici la teneur du *procès-verbal* de cette cérémonie :

« L'an mil huit cent soixante-dix-neuf, le dix-huit mars, Nous, Pierre-Anastase Pichenot, archevêque de Chambéry,

« Ayant reçu en dépôt, le 7 novembre dernier, par les mains de Révérend Fabien Dijoud, curé de la paroisse

recouverte d'une plaque de marbre sur laquelle se lit l'inscription suivante, composée par M. l'abbé

de Saint-Félix, le cœur de feu l'illustrissime et révérendissime Mgr Félix-Antoine Dupanloup, évêque d'Orléans, décédé au château de la Combe-de-Lancey, le 11 octobre de la même année;

« Lequel cœur, enfermé dans une boîte de plomb pleine de chlorure de zinc, et déposé dans une seconde boite d'acajou scellée de quatre sceaux, a été remis au révérend Dijoud par noble M. Albert du Boys, ami de l'illustre défunt, et qui avait l'honneur de l'abriter dans son château quand la mort est venue l'enlever à son diocèse et à l'Église.

« Ayant, après rupture des sceaux de la boîte d'acajou, reconnu la boîte de plomb qui renferme les vénérables cendres;

« En présence de Nosseigneurs :

« L'ill. et révérend. Gros, évêque démissionnaire de Tarentaise;

« L'ill. et révérend. Turinaz, évêque de Tarentaise;

« L'ill. et révérend. Rosset, évêque de Maurienne;

« De Messieurs : Bougaud et Lagrange, vicaires-généraux d'Orléans; Gélot, chanoine honoraire, et Chapon, vicaire de la cathédrale d'Orléans, délégués pour assister à cette solennité par Sa Grandeur Mgr Coullié, évêque d'Orléans;

« De révérend Dijoud, curé de Saint-Félix;

« De révérend Jacques Ruffin, prévôt et vicaire général, représentant le chapitre d'Annecy;

« De Messieurs : le marquis Albert Costa de Beauregard, Albert du Boys, le comte de Thiolaz et de Bournet; des représentants des Sociétés académiques de Chambéry et d'Annecy; de membres de l'administration municipale

Vivien, avec le concours de l'Académie *florimon-tane* et de l'Académie de Savoie :

HIC IN PACE QUIESCIT
COR
R. R. P. IN X° PATRIS
D. D. FELICIS ANT. P. DUPANLOUP
AURELIANENSIS EPISCOPI
QUI VERBO, SCRIPTO ET OPERE
RELIGIONIS ET PATRIÆ PROPUGNATOR
INDEFESSUS
AC JUVENTUTIS AMANTISSIMUS
NUMQUAM QUIEVIT.
OBIIT ANNO R. S. MDCCCLXXVIII V IDUS OCTOBRIS.
VIXIT ANNOS 76. EPISCOPUS 29
OSSA SUA RESURRECTIONEM EXPECTANTIA
AURELIANIS
HIC VERO, UBI NATUS AC BAPTIZATUS
COR SUUM
RECONDI VOLUIT
SUB HOC LAPIDE
SOLEMNITER PIEQUE REPOSITUM
XV KAL. APR. ANNO MDCCCLXXIX (1).

et de la fabrique paroissiale de Saint-Félix ; d'un grand nombre de prêtres et de notables des deux départements de la Savoie et de la Haute-Savoie ; de la population de Saint-Félix et d'une foule immense accourue des localités voisines ;

« Avons déposé la précieuse relique au lieu préparé dans le mur de la nef latérale droite, recouvert et fermé par une dalle de marbre portant incription des noms, titres et dates principales de la vie de l'illustre défunt ;

« Qui, étant né et ayant été baptisé dans la paroisse de Saint-Félix, lui a légué. en lui confiant son cœur, le plus touchant témoignage de son affection. »

Cette pièce, rédigée par M. l'abbé Vivien, vicaire géné-ral de Chambéry, a été signée, à l'issue de l'office, par NN. SS. les archevêques et évêques, et par les principaux personnages présents à cette cérémonie.

(1) « Ici repose en paix le cœur de R. Père en J.-C.

Saint-Félix et Orléans ! Voilà, dans l'histoire de Mgr Dupanlaup, deux noms à jamais unis. La ville de son long et fécond épiscopat, illustrée par son éloquence et son amour de la jeunesse, protégée, à l'heure des désastres, par son héroïsme et sa charité, Orléans, dans sa magnifique cathédrale, garde son corps. Mais un petit village obscur de Savoie, dont on ignorait le nom, Saint-Félix, possède son cœur, « ce grand cœur qui, pendant un demi-siècle, a si noblement battu pour toutes les causes justes et sacrées, et d'où sortirent des accents si puissants et si irrésistibles que Pie IX, l'immortel Pie IX, a pu dire : « L'éloquence de cet Évêque me vaut une armée ! » et Léon XIII manifester publiquement la douleur qu'il ressentait de la mort de « cet homme

---

Mgr Félix-Antoine-Philibert Dupanloup, Évêque d'Orléans, qui, par sa parole, ses écrits et ses œuvres, infatigable défenseur de la religion et de la patrie, et ami dévoué de la jeunesse, ne s'est jamais reposé.

« Il est mort le 11 octobre de l'année du salut 1878 : il a vécu 76 ans, dont 29 comme Évêque.

« Il a voulu que son corps, en attendant la résurrection, reposât à Orléans, mais que son cœur fût déposé là où il était né et où il avait été baptisé. C'est sous cette pierre que, le 18 mars 1879, ce cœur a été placé avec autant de piété que de solennité. »

illustre, qui avait livré tant et de si vaillants combats pour la défense des droits de l'Église » —
« .... clarissimum Virum, qui toties pro Ecclesiæ
juribus strenuè decertaverat. » *(Lettre de N. S.-P.
le Pape Léon XIII à Mgr Coullié.)*

www.ingramcontent.com/pod-product-compliance
Ingram Content Group UK Ltd.
Pitfield, Milton Keynes, MK11 3LW, UK
UKHW031831170726
13836UKWH00004B/1611